Alaska

Mohsen Daschti

Alaska
und Nordwest-Kanada

Text von Reinhard Krischer

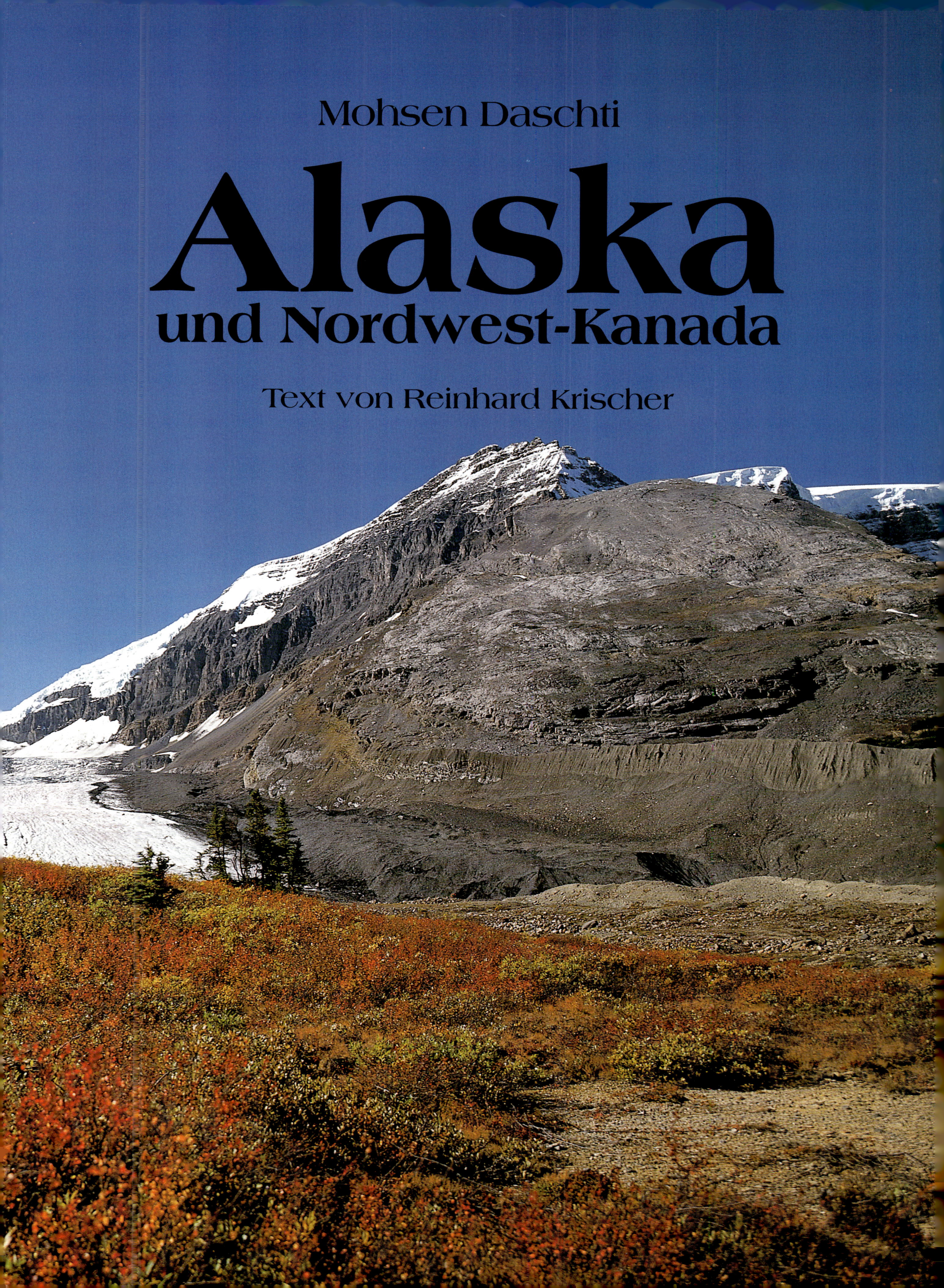

Bildnachweis
Alaska Division of Tourism, Juneau (Alaska): 55
Udo Bernhart, Langen: 53, 54, 56-57, 83 Mitte rechts
Juniors Bildarchiv, Thalfingen: 61 rechts unten, 62-63, 72 oben
Frank Lukasseck, Overath: 92-93, 94, 95

Lektorat: Susanne Kattenbeck

ISBN 3-86070-555-5

4 3 2 1 96 97 98 99

Vorsatz: *Columbia Glacier bei Valdez*

Seite 1: *Grizzlybär im Denali National Park*

Vorhergehende Doppelseite: *Athabasca Glacier im Jasper National Park*

Inhalt

Einleitung

In den Geschichten der Wikinger, die unter der Führung von Leif Eriksson vermutlich von Island aus vorbei an Grönland gesegelt waren und dabei im Jahr 1000 ein Land entdeckten, das sie „Vinland“ nannten, sind Berichte über die Einwohner dieses neu gefundenen Landes enthalten. Die kriegerischen Wikinger nannten sie abfällig *Skrälinge,* was soviel wie „schreiende Schrumpfköpfe“ bedeutet, und beschrieben sie als schwarze, häßliche Männer mit großen Augen, breiten Gesichtern und struppigen Haaren.

Anthropologen, die diese Berichte gelesen haben, suchen darin vergeblich nach Hinweisen, die die Frage klären könnten, ob es sich bei diesen Ureinwohnern um Indianer oder Eskimos handelte.

Die Frage nach der Herkunft der Ureinwohner Nordamerikas blieb lange unbeantwortet. Es war der geniale Thomas Jefferson, dritter Präsident der USA, der um 1780 in einer archäologischen Abhandlung über die mysteriösen Hügelgräber der nordamerikanischen Indianer erstmals ernsthaft die Frage nach der Herkunft der Ureinwohner zu beantworten versuchte. Seine seinerzeit nicht belegbare Aussage lautete, sie seien über eine nördliche Route aus Asien gekommen.

Thomas Jefferson entsandte eine erste große wissenschaftliche Expedition zur Erkundung des unbekannten Westens Nordamerikas und eines Weges zum Pazifik. Sie wurde von seinem persönlichen Sekretär, Meriwether Lewis, geleitet. Zusammen mit William Clark erkundete er ab 1804 über zwei Jahre lang den Westen und Nordwesten der USA. Eine der Aufgaben dieser berühmten *Lewis and Clark Expedition* war es, das Wissen über die Indianer zu erweitern. Die Männer dieser Expedition verbrachten einen Winter an der Pazifikküste im Gebiet der Mündung des Columbia River im Staat Washington. Während dieser Zeit hatten sie intensiven Kontakt zu den dort ansässigen Indianern, die zur großen Familie der Indianer der Nordwestküste Amerikas zählten.

Vorbild für diese Expedition waren vermutlich die Reisen des großen schottischen Forschers Alexander Mackenzie gewesen, der schon 1789 den nach ihm benannten Fluß erkundet hatte. Der Mackenzie River fließt durch die Northwest Territories von Kanada und durchquert ehe er in das Nordpolarmeer mündet das Land der Indianer, die man Athapasken nennt. Mit ihnen trieben die Hudson’s Bay Company und die North West Company Fellhandel und eine von Mackenzies Aufgaben lag darin, bessere Handelsrouten zu finden. Er suchte vergeblich nach jener Nordwestpassage, die den Seeweg zum Pazifik öffnen sollte, nach der schon etliche Forscher vor ihm gesucht hatten. Er folgte dem Peace River – vom Gebiet des heutigen Ortes Dawson Creek in British Columbia ausgehend –, überquerte die Rocky Mountains und erreichte 1793 den Pazifik. Er hatte zwar nicht die Nordwestpassage gefunden, aber ihm war damit als erstem Weißen die Durchquerung dieses Landes gelungen. Dabei entdeckte er auch den Fluß, den später Simon Fraser im Auftrag der North West Company bis zur Mündung bei der Stadt Vancouver erforschte und der nach diesem benannt wurde.

Der mächtige Columbia River, der in den Rocky Mountains von British Columbia südwestlich vom *Jasper National Park* entspringt, wurde von 1807 bis 1811 von seiner Quelle bis zu seiner Mündung von dem englischen Forscher David Thompson erkundet.

Während diese wagemutigen Männer das Inland des Kontinents erforschten, hatte schon zuvor der berühmte Seefahrer James Cook die Nordwestküste erkundet und war 1778 sogar auf Vancouver Island an Land gegangen. Er suchte ebenfalls die Nordwestpassage und segelte die Küste hinauf, vorbei an Alaska bis zur Beringstraße. Auch er blieb erfolglos.

Im Jahr 1816 forschte Otto von Kotzebue, Sohn des deutschen Dramatikers, im Auftrag des russischen Zaren nach der Nordwestpassage. Auch er hatte keinen Erfolg, entdeckte aber den nach ihm benannten Sound an der Nordwestküste Alaskas, wo auf der Baldwin Peninsula auch ein Ort nach ihm benannt ist. Noch heute besteht dort eine der größten Eskimosiedlungen Alaskas.

Rußland hatte sich schon früh für Alaska interessiert. Vitus Bering, ein Däne, hatte bereits 1728 in russischen Diensten die nach ihm benannte Meeresstraße entdeckt. Von 1734 bis 1743 leitete er dann eine schicksalhafte Expedition. 1741 erreichte diese die Nordwestküste Amerikas. Bering starb während der Expedition. Die Überlebenden berichteten über riesige Seeotterbestände, und zum Beweis hatten sie herrliche Felle mitgebracht.

Berings Expedition lockte russische Pelzhändler nach Alaska, die die Aleuten und Teile des Festlandes systematisch als Jagdgründe ausbeuteten. 1784 errichtete Gregor Iwanowitsch Schelikof auf Kodiak Island einen Stützpunkt und schlug jeglichen Widerstand der Indianer brutal nieder. 1790 übertrug er Alexander Baranof die Aufsicht über den russischen Pelzhandel in Alaska. 1799 gründete Baranof den Ort Sitka an der Südostküste Alaskas und baute ihn zu seinem Haupthandelsposten aus. Baranof wurde Gouverneur der russischen Kolonie in Alaska und Leiter der Russian American Company, die das Monopol für den Pelzhandel hatte.

Zwar unternahmen die Russen auch Expeditionen in das Landesinnere Alaskas, wobei sie auch den Yukon River entdeckten, doch konzentrierten sie sich mehr auf die Seeotter-, Robben- und Walroßjagd entlang der Küste. Die Tiere wurden in unglaublichen Mengen abgeschlachtet, und innerhalb weniger Jahre waren die Bestände vom Aussterben bedroht. Handelspolitisch bedingte Schwierigkeiten und die Konkurrenz mit amerikanischen Händlern und der englischen Hudson’s Bay Company ließen den Einfluß der Russen in dieser Region gegen Mitte des 19. Jahrhunderts immer schwächer werden.

Die Ureinwohner Alaskas, Kanadas Nordwesten und der USA hatten diesen fremden Einflüßen nichts entgegenzusetzen. Bis zur Ankunft der Weißen waren sie wie schon seit Jahrtausenden Jäger und Sammler gewesen. Sie lebten in Einklang mit der Natur und verbrauchten jeweils nur das, was sie zum Überleben benötigten. Erste wissenschaftlich verwertbare Beschreibungen und Bilder von den Ureinwohnern der Küste waren in den Berichten über die Reisen von Captain James Cook zu lesen und zu sehen. Cook war voll des Lobes und erwähnte vor allem auch die handwerkliche Geschicklichkeit der Ureinwohner. Von besonderem Interesse war, daß sie Meißel und Messer aus Eisen benutzten. Später stellte man fest, daß die Indianer das Metall verarbeiteten, das sie in angeschwemmten Holzstücken entdeckten. „Eiserne Stämme“ nannten sie dieses meist von Wracks stammende Holz. Schwarze Flecken im Holz bedeuteten Eisen und grüne Flecken Kupfer. Diese Holzstücke wurden verbrannt, und übrig blieben die Metallteile. Mit Werkzeugen dieser Art konnten die Indianer ihre Schnitzkunst vervollkommnen, deren Höhepunkt die Anfertigung von Holzskulpturen aus Baumstämmen war, deren verschiedene Symbolfiguren mythologische und stammesgeschichtliche Bedeutung hatten. Diese Skulpturen wurden zum Schmuck der Häuser verwendet, aber die größten der geschnitzten Stämme wurden einzeln oder in Gruppen als Geschichten erzählende Totempfähle aufgestellt. Sie berichten von den Mythen der Ureinwohner der Nordwestküste Amerikas, aber auch über die Familien, die die Pfähle aufstellten. Es sind Geschichten über die Entstehung des Lebens, das mit den Lachsen begann, die hier in den Flußläufen ihre Laichgründe fanden. Bald entdeckten Bären, Raben und Adler die Lachse und ließen sich hier nieder. Irgendwann entdeckte auch der Mensch dieses Land und entschloß sich zu bleiben. Er teilte sich das Gebiet und den Lachs mit den Tieren des Waldes und des Meeres, und Raben, Adler, Bären, Seelöwen und Orkas wurden Bestandteil seiner Mythologie.

Die Wissenschaft geht heute – vor allem aufgrund archäologischer Funde in Zentral-Alaska – davon aus, daß vor etwa 26 000 Jahren erstmals Menschen über eine damals noch bestehende Landbrücke im Bereich der Beringstraße von Sibirien nach Alaska kamen. Einige von ihnen blieben vor allem im Bereich der West- und Nordküste Alaskas. Andere zogen weiter ins Landesinnere und an die Südostküste. Wieder andere zogen weiter bis in den heutigen Südwesten der USA und manche von ihnen vermutlich sogar bis weit hinein nach Südamerika. An der Westküste Alaskas leben die Yupik-Eskimos, an der Nordwest- und Nordküste die Inupiat-Eskimos. Die in den arktischen Gebieten Kanadas lebenden Eskimos gehören zur großen Familie der Inuit. Die Indianer Alaskas, die im Landesinneren und zum Teil an der Südküste leben, zählen zur Familie der Athapasken, während an der Südostküste Alaskas die größte Indianergruppe, die Tlingit, zu finden sind. Dort leben aber auch Angehörige der Eyak, Haida und Tsimshian; an Kanadas Pazifikküste ebenfalls Haida, aber auch Bella Coola, Kwakiutl, Nootka, Squamish und Küsten-Salish. Es gibt noch unzählige andere Indianerfamilien, die auf bestimmten Inseln und Halbinseln, an Buchten und in Waldgebieten ihr Stammesland haben.

Der Untergang dieser Eskimo- und Indianerkulturen begann 1670: König Charles II. schenkte seinem Vetter Prinz Rupert und einer Gruppe von Händlern, die mit Prinz Rupert befreundet waren, die Hudson Bay und die Gebiete, durch die die Gewässer fließen, die in die Hudson Bay münden. Dazu gehörte das Land, die Bodenschätze und das Monopol für den Handel mit Pelzen und anderen Waren. Dieser Freibrief wurde ausgestellt für *The Governor and Company of Adventurers of England tradeing into Hudson's Bay*, und daraus entstand die heute noch existierende Hudson's Bay Company. Das in dieser Charter beschriebene Gebiet garantierte Ansprüche auf Territorien, deren Ausdehnung man größtenteils noch gar nicht kannte. Denn kaum einer der Flüsse, die in die Hudson Bay fließen, war bis dahin bis zu seinem Quellgebiet erforscht worden. So reichte das Imperium der Hudson's Bay Company östlich bis Labrador, südlich bis über den 49. Breitengrad und westlich bis zu den Rocky Mountains.

Mit diesem Freibrief machte sich die Handelsgesellschaft daran, einen halben Kontinent zu entdecken und zu erschließen. Angesporrnt wurde die Erschließung durch die Nachfrage nach Biberpelzen in Europa. Die Biber hatten als seßhafte Tiere erstaunlich große Reviere, die sich über das ganze Land an Bächen, Flüßen und Seen ausbreiteten. Da ihr Fell so wertvoll war, wurden sie unerbittlich gejagt. Genauso erbarmungslos wurde etwas später vor der Küste Alaskas auf Seeotter, Robben, Walrosse und Wale Jagd gemacht.

Die Geschichte der Hudson's Bay Company ist zugleich die Geschichte der Entstehung Kanadas. Im Verlauf dieser oft turbulenten und kriegerischen Geschichte wurden auf dem nordamerikanischen Kontinent auch europäische Konflikte ausgetragen. England, Frankreich, Spanien und Rußland versuchten, die Pfründe Nordamerikas und das unermeßliche Land unter ihrer Kontrolle zu halten. Am Ende blieben nur die Engländer erfolgreich, die sich aber, nachdem die Amerikaner 1776 ihre Unabhängigkeit erkämpft hatten, hauptsächlich auf die Erschließung des Hudson's Bay Company Territoriums beschränken mußten. 1846 wurde England vertraglich dazu verpflichtet, auf jegliche Gebietsansprüche südlich des 49. Breitengrades zu verzichten. Damit war die zukünftige Grenze zwischen Kanada und den USA gezogen.

1787 wurde in Montreal die North West Company gegründet. Zwischen ihr und der Hudson's Bay Company entbrannte ein harter Konkurrenzkampf und beide Gesellschaften expandierten in Richtung Westen. Die besseren Geschäfte machte aber die Hudson's Bay Company und 1821 übernahm sie die North West Company.

Die Handelsposten der Hudson's Bay Company bildeten oft den Ursprung von Ortschaften und Städten. Als 1869 das Territorium der Hudson's Bay Company in das zwei Jahre zuvor gegründete *Dominion of Canada* überging, entstanden daraus die Provinzen Manitoba, Alberta und Saskatchewan. Handelsposten waren überall in den Provinzen errichtet worden, die sich später zum *Dominion* zusammenschlossen. Im Jahr 1873 wurde von der kanadischen Regierung die nach militärischen Prinzipien aufgebaute *Northwest Mounted Police,* Vorläufer der *Royal Canadian Mounted Police,* ins Leben gerufen, deren Aufgabe es war, Polizeiposten zu gründen und in den neuen Provinzen für Gesetz und Ordnung zu sorgen.

Im Jahr 1867 kaufte die Regierung der USA für 7,2 Millionen Dollar Rußland ein Stück eisig kaltes Land ab. In diesem arktischen Gebiet namens Alaska lagen zudem noch riesige Territorien, die zum Einflußbereich Kanadas gehörten. Weshalb gab die Regierung soviel Geld aus, wo doch noch nicht einmal der weite Westen des Kontinents erschlossen war? Der Groll der Bürger Amerikas konzentrierte sich auf den Staatssekretär William Henry Seward, der diesen Kauf durchgesetzt hatte. Spöttisch wurde Alaska als „Seward's folly" oder „Seward's ice box" bezeichnet. Es sollte Jahrzehnte dauern, bis man Sewards Weitsicht erkannte.

Schon bald wurde an verschiedenen Stellen Alaskas Gold gefunden. Im südöstlichen „Panhandle" Alaskas, jenem schmalen Streifen Land, der Kanada vorgelagert ist, wurden aufgrund der Goldfunde neue Siedlungen gegründet. Eine davon, Juneau, wurde im Jahr 1900 zur Territorialhauptstadt und ab 1959 Staatshauptstadt von Alaska. Dieses Gebiet erlangte Weltberühmtheit als 1896 im kanadischen Yukon Territory im Gebiet des Klondike River Gold gefunden wurde. Während der Zeit des Goldrauschs verwandelte sich die Region um Skagway in ein wüstes Goldgräberlager. Über den Yukon River und über die alten Trails der Indianer und Eskimos drangen Goldsucher in alle Teile Alaskas vor, und es entstanden erste kleine Siedlungen.

Mit der Übernahme Alaskas durch die Amerikaner begann das endgültige Abschlachten der Walrosse und Robben. Zudem machte man systematisch Jagd auf Wale. Es begann auch der industriell betriebene Fang von Heringen, Heilbutt und Lachs. In den Häfen der kleinen Orte an der Süd- und Südostküste waren ganze Flotten von Fischerbooten zu Hause. Zur schnellen Verarbeitung der

Lachse wurden zahlreiche Konservenfabriken, die *canneries*, gebaut, in denen vor allem Indianer unter erbärmlichen Bedingungen Arbeit fanden. Teilweise wurden auch größere Schiffe eingesetzt, auf denen der Lachs schon an Bord verarbeitet und in Dosen verpackt wurde. Erst als die Lachsbestände merklich zurückgingen, begriff man, daß man sich ohne Fangregulierung die eigene Existenz zerstörte.

Zu Beginn des Jahrhunderts entdeckte man im Gebiet von Katalla am Golf von Alaska Öl und man begann mit dessen Förderung, doch weitaus lukrativer blieb vorerst der Abbau von Kupfer am Kennicott River am Fuß der Wrangell Mountains. Dort wurden seinerzeit die größten Kupfervorkommen der Erde entdeckt. Heute präsentiert sich das Gebiet wie ein Freilichtmuseum für Industriearchäologie. Die alten roten Holzgebäude der Förder- und Trennanlagen und die Unterkünfte für die Bergarbeiter sind noch als industrielle Geisterstadt zu besichtigen. Denn als das Kupfer abgebaut war und man in Südamerika neue und billiger abzubauende Vorkommen fand, wurde Kennicott 1938 beinahe über Nacht stillgelegt und verlassen.

Nachdem Alaska sich als ein an Rohstoffen reiches Land erwiesen hatte, beschloß man im Jahr 1912 das Gebiet offiziell zum Territorium zu machen. Sogleich floßen Bundesgelder zum Ausbau der bestehenden Eisenbahnstrecken und für den Straßenbau. Vom Hafen von Seward baute man im Lauf der Jahre die Eisenbahnstrecke bis zum über 650 km entfernten Nenana und später bis Fairbanks aus. Der Valdez Trail vom Hafenstädtchen Valdez wurde zum Richardson Highway nach Fairbanks ausgebaut.

Es folgte dann aber eine Periode der Stagnation, da Alaska keine Siedler anlockte. Das Klima war nicht für die Landwirtschaft geschaffen, und so half es auch wenig, daß die Regierung im Rahmen einer Maßnahme zur Bekämpfung der Auswirkungen der Weltwirtschaftskrise im Jahr 1935 gut 200 Familien im Matanuska Tal bei Palmer ansiedelte. Man hatte bewußt Familien aus Michigan, Wisconsin und Minnesota ausgewählt, da dort ebenfalls kalte Winter herrschen und viele Menschen skandinavischer Herkunft sind. Doch die Familien hatten wenig Siedlererfahrung und die Bedingungen in Alaska erwiesen sich tatsächlich als wenig aussichtsreich. Doch mit modernen Methoden wird hier heute erfolgreicher als damals immer noch Landwirtschaft betrieben. Da hier im – wenn auch kurzen – Sommer die Sonne 24 Stunden scheint, können im September verschiedene Gemüse- und Beerensorten geerntet werden. Zusammen mit dem etwas nördlicher gelegenen Susitnatal ist dies die einzige größere landwirtschaftlich genutzte Region Alaskas.

Schon während der 30er Jahre hatten Politiker auf die strategische Lage Alaskas hingewiesen und einen Ausbau der Verbindungswege gefordert. Doch erst als 1942 die Japaner einen Stützpunkt auf den Aleüten bombardierten und die Inseln Attu und Kiska besetzten, handelte die amerikanische Regierung. Endlich wurde eine Straßenverbindung zwischen Alaska und Kanada gebaut. So entstand der berühmte Alaska Highway. Es wurden Militärflughäfen und -stützpunkte angelegt. Straßen und Seehäfen wurden ausgebaut. Plötzlich hatte sich das weit entfernte Alaska zu einem wichtigen Frontstaat des Zweiten Weltkriegs entwickelt. 1943 wurden die Japaner von den Aleüten vertrieben. Auch hier wurden dann weitere Luftwaffenstützpunkte errichtet, von wo aus gegen Japan geflogen wurde. Das Schicksal der Ureinwohner dieser Inseln, die von Japanern verschleppt und von Amerikanern umgesiedelt worden waren, ging in der Geschichte des Krieges als kleine Fußnote unter.

Von Alaska aus wurde die Sowjetunion während des Zweiten Weltkrieges mit Kriegsgütern und Nahrungsmitteln versorgt. Von Fairbanks übernahmen sowjetische Piloten während des Krieges in Amerika gebaute Kriegsflugzeuge zum Einsatz gegen Deutschland. Die Sowjetunion verweigerte aber den USA, in Sibirien Stützpunkte zu errichten, um von dort Japan angreifen zu können.

Viele Jahre später (1988) ermöglichte die Glasnost-Politik von Michail Gorbatschow ein Zusammentreffen besonderer Art: Erstmals kam es seit Beginn des Kalten Krieges zu einem Treffen zwischen Eskimos aus Sibirien und Eskimos aus Alaska. Seither finden regelmäßig solche Treffen statt und inzwischen gibt es Pläne für einen amerikanisch-russischen *Beringia Heritage International Park*.

In den 50er Jahren wurde im Großraum von Anchorage, vor allem im Cook Inlet und auf der Kenai-Halbinsel, Öl entdeckt. Dessen Förderung und der Bau von Raffinerien führten zum wirtschaftlichen Aufschwung der Region. Zusammen mit seiner militärstrategischen Rolle gewann das Territorium enorm an Bedeutung und im Jahr 1958 beschloß der Kongreß in Washington, Alaska ab dem 3. Januar 1959 als den 49. Bundesstaat in die Vereinigten Staaten von Amerika aufzunehmen. Mit einer Fläche von 1,5 Millionen Quadratkilometern wurde Alaska zum größten Staat der USA. Das lange Zögern, Alaska als ebenbürtigen Staat aufzunehmen, verdeutlicht, daß die Beziehung zwischen Alaska und den restlichen USA nie ganz ungetrübt war. Die Bewohner von Alaska hegen noch heute ein sehr zwiespältiges Verhältnis zur Bundesregierung, weil sie einerseits lange Jahre auf deren Unterstützung angewiesen waren, andererseits aber deren Einmischung in ihre Angelegenheiten fast immer übelnahmen.

Besonders deutlich wurde dies als ab 1959 der Staat Alaska über das bisher der Bundesregierung gehörende Land verfügen konnte. Nun begannen die Ureinwohner Alaskas ihre Anrechte auf das Land offiziell in Washington einzuklagen. Dies war möglich, da man nach dem Ankauf Alaskas von den Russen den Ureinwohnern ihre Anrechte auf Land belassen hatte. Verschiedene Gruppen der Ureinwohner Alaskas schlossen sich zusammen und bildeten die *Alaska Federation of Natives*, um ihre Ansprüche wirksam durchsetzen zu können. Unterstützung erhielten sie von der Ölindustrie, der sehr daran gelegen war, daß diese Fragen der Besitzansprüche per Gesetz geregelt wurden, damit sie mit der Förderung von Öl und Erdgas beginnen konnte, da man 1968 auf dem *North Slope*, dem Nordhang Alaskas jenseits der mächtigen Berge der Brooks Range, und auch in der Beaufort Sea enorme Öl- und Erdgasvorkommen auf Bundesland entdeckt hatte. Ein Jahr später hatte der Staat Alaska den Großteil dieses Landes an verschiedene Ölgesellschaften verpachtet, und man freute sich auf eine sorglose Zukunft als reicher Ölstaat. Die Ureinwohner wiesen jedoch darauf hin, daß die Gültigkeit ihrer Landansprüche noch gar nicht geklärt sei. Die Gerichte stimmten dem zu und die Pachtverträge wurden vorerst eingefroren. Ohne Klärung der Landbesitzfrage konnte man nicht mit der Erschließung beginnen, zumal 1970 Athapaska-Indianer auch noch eine einstweilige Verfügung gegen den Bau einer Pipeline durch ihr Land erwirkt hatten. So kam es 1971 zum historischen *Alaska Native Claims Settlement Act*, durch den 18 Millionen Hektar Land und über 900 Millionen Dollar an zwölf von Ureinwohnern gegründeten und verwalteten Genossenschaften übereignet wurden. Über Nacht hatte dieses Gesetz, das manche Beobachter als eine Art von Generalwiedergutmachung Amerikas gegenüber seinen Ureinwohnern ansahen, die Eskimogemeinden an der Nordküste Alaskas zu wohlhabenden Großgrundbesitzern gemacht. Andere Ureinwohner, deren Land keine Bodenschätze aufweist, profitieren nur wenig von dem Gesetz, denn ohne Industrie, die Arbeitsplätze garantieren würde, ist der Besitz von Land auch nicht von Nutzen.

Die enorme Öl- und Erdgasindustrie, die in Alaska aus dem Boden gestampft wurde und für die von 1974 bis 1977 das technische Wunder der 1280 km langen Ölpipeline von Prudhoe Bay nach Valdez gebaut wurde, spaltete das Land in zwei Lager. Die einen wollten unbegrenzten technischen Fortschritt, die anderen wollten in Alaska einen neuen Weg gehen, der die Belange der Ökologie vor die der Industrie stellen sollte. In diesem Kampf wurde viel zum Schutz von Alaskas Landschaften erreicht: Die Ölindustrie akzeptierte zum Beispiel die technischen Sicherheitsauflagen für den Bau der Pipeline, die zusammen mit der für sie angelegten Straße, das Land von Norden nach Süden durchquert.

Damit die durch das Öl aufgewärmten Rohre nicht den Permafrost der Tundra aufweichen, wurde die Pipeline aufgeständert. Dort, wo sie die jahrtausendealten Pfade der wandernden Karibuherden kreuzt, hat man die Stützen besonders hoch ausgelegt, damit die Tiere unter ihr hindurchziehen können.

Viele Bewohner Alaskas sind auf Umweltschützer schlecht zu sprechen, weil sie ihnen Gesetze aufzwingen wollen, die man in den anderen Bundesstaaten nicht durchsetzen konnte. Dazu zählt auch der 1972 verabschiedete *Marine Mammal Protection Act*, der es nur noch den Ureinwohnern erlaubt in begrenzter Zahl, Eisbären, Walrosse, Robben, Wale oder Seelöwen zu jagen.

Das Jahr 1980 markierte einen weiteren Meilenstein in der Entwicklung Alaskas zu einem Staat, in dem endlich doch die Natur Vorrang vor dem technischen Fortschritt haben sollte. Es war Präsident Jimmy Carter, der mit der Billigung des amerikanischen Abgeordnetenhauses den *Alaska National Interest Lands Conservation Act* durchsetzte, dank dem etwa 46 Millionen Hektar Wildnisgebiet unter Schutz gestellt wurden, um daraus Nationalparks und Naturreservate entstehen zu lassen. Dadurch konnten die neuen Nationalparks *Gates of the Arctic, Wrangell-St. Elias* und *Lake Clark* gebildet werden. Bei diesen Parks handelt es sich um spektakuläre Landschaften, die weitestgehend unerschlossen bleiben. Lediglich durch das Wrangell-St.-Elias-Gebiet führt eine Schotterstraße zur alten Kennicottkupfermine. Ansonsten muß der Besucher sich per Buschflugzeug in diese Parklandschaften fliegen lassen; er ist dort völlig auf sich allein gestellt. Durch das Gesetz wurden auch der *Denali National Park* und der *Katmai National Park* maßgeblich erweitert. Außerdem wurden neue Wildreservate geschaffen oder schon bestehende vergrößert, darunter auch das *Arctic Wildlife Refuge* im Nordosten des North Slope. Riesige Wald- und Flußgebiete wurden zu Reservaten erklärt. Somit wurden weitere große Gebiete Alaskas zu Schutzzonen, die nicht erschlossen werden dürfen und in denen auch nicht gejagt werden darf.

Da die Öldollars in Alaska kräftig flossen und noch fließen, entschloß man sich, ab 1982, jedem Einwohner des Staates, der schon mehr als sechs Monate hier lebte, einen Ölbonus von etwa 1000 Dollar pro Jahr zu zahlen. Bei solchen Vergünstigungen ist es verständlich, daß viele Bewohner lieber den industriellen statt den ökologischen Fortschritt gesichert sehen wollen.

Dieser Fortschrittsglaube wurde am 24. März 1989 gründlich erschüttert, als der Supertanker „Exxon Valdez", an der Südküste Alaskas auf ein Riff lief und ein Teil seiner Ladung in den Prince William Sound floß. Die Auswirkungen der Verschmutzung reichten bis zur Shelikof Strait.

Heute scheint es, als sei die Welt in den herrlichen Gewässern der Südküste wieder in Ordnung, aber dieser Eindruck täuscht, denn noch immer ist ungeklärt, wie lange es dauern wird, bis die unsichtbaren Reste des Öls, die nachweislich in die Nahrungskette der Region gelangt sind, völlig verschwunden sein werden. Die Schäden für die Wirtschaft lassen sich vor allem in der Fischereiindustrie genau berechnen. Zahllose Fischer verloren ihre Existenzgrundlage.

Oberflächlich gesehen hat die Natur sich erholt. Deshalb hat auch die Wirkung des Schocks von 1989 nachgelassen und deshalb ist es möglich, daß im Spätsommer des Jahres 1995 eine konservative Mehrheit im Abgeordnetenhaus in Washington dafür stimmte, daß in Alaskas *Arctic National Wildlife Refuge* nach Öl gebohrt und im *Tongass National Forest*, dem letzten Regenwald in Südost-Alaska, Holz gefällt werden darf. Mit aggressiven Methoden und dem Schreckensbild von arbeitslosen Öl- und Holzarbeitern hatten republikanische Politiker aus Alaska den Weg für dieses Abstimmungsergebnis geebnet.

Den Besuchern, die nach Alaska kommen, um dieses wundervolle Land kennenzulernen, wird diese Geschichte selten bewußt werden. Im Nordwesten Kanadas ist das genauso. Denn noch ist die Landschaft so überwältigend, daß ein kurzer Blick auf Kahlschlagzonen auf Vancouver Island oder im *Tongass National Forest* sofort wieder überblendet wird von den Impressionen der einmaligen Küstenlandschaft Nordwestamerikas, von den Bergen und Seen im Inland, von den Gletschern an der Küste oder in den Gebirgen, von den Tieren, von kleinen und großen Flüssen und Wasserfällen. Über Highways oder Schotterpisten kann der Besucher eine noch heile Wildnis erkunden und per Buschflugzeug oder Boot kann man sich in unerschlossene Regionen bringen lassen.

In den vielen Museen und historischen Parks in Alaska und Kanada kann der Besucher teilhaben an einer kurzen aber turbulenten Geschichte, die an vielen Orten noch nicht abgeschlossen zu sein scheint.

Noch heute folgen viele Menschen dem Ruf der Wildnis. Es gibt genügend zivilisationsmüde Zeitgenossen, die es nicht in den sonnigen Süden zieht, sondern in das moderate Klima der Küstenwälder der Nordwestküste Kanadas oder in die Fjordlandschaft Südost-Alaskas oder gar in die Tundra in Zentral-Alaska. Es sind unter anderem die Mythen der Ureinwohner, die eine so magische Anziehungskraft auf die Aussteiger ausüben. Es ist der Traum vom Einssein mit der Natur, die hier noch so überwältigend ist, daß der Mensch schnell seine Grenzen erkennt. Es gibt die verschiedensten Möglichkeiten solche Empfindungen in dieser Landschaft zu erfahren. Es reicht schon, an einem einsamen Stück Strand am Pazifik auf riesigen graugebleichten Treibholzstämmen zu rasten, hinter sich die beinahe undurchdringliche Wand des nordwestlichen Regenwaldes, vor sich die Brandung des Pazifiks oder die Stille der Tundra zu entdecken, die rundum erst am fernen Horizont von Bergketten begrenzt wird, oder den unheimlichen Geräuschen eines Gletschers zu lauschen, der wie ein lebendiger Zeuge jener Zeit wirkt, in der die ersten Menschen in dieses Land kamen.

Fremdenverkehrsamt
von Alaska
Pfingstweidstr. 4
D-60316 Frankfurt

Kanadisches
Fremdenverkehrsamt
Immermannstr. 65d
D-40210 Düsseldorf

Alaska Highway

Ein Blick auf eine Weltkarte zeigt, daß die zu Alaska gehörenden Aléuten eine weit geschwungene Brücke nach Asien bilden. Während des Zweiten Weltkrieges spielten diese Inseln im Krieg zwischen den USA und Japan eine ganz besondere Rolle. Als die Japaner im Juni des Jahres 1942 die entscheidende Schlacht um die Midway-Inseln im Pazifik begannen, starteten sie kurz zuvor als Ablenkungsmanöver die Besetzung der Aléuten-Inseln Attu und Kiska. Diese Invasion ließ die Amerikaner um Alaska und somit den Zugang zu Kontinentalamerika bangen. Angesichts der strategischen Lage Alaskas hatten die Amerikaner schon zuvor erkannt, daß dringend eine Straßenverbindung nach Alaska gebaut werden mußte.

Zusammen mit den alliierten Kanadiern hatte man den Bau einer solchen Straße, die von Kanada nach Alaska führen sollte, beschloßen. Bereits im März 1942 war mit den Arbeiten begonnen worden. Wie bei einem Tunnelbau begann man das Projekt von zwei Seiten und arbeitete aufeinander zu. Weit über 10 000 Soldaten wurden dabei eingesetzt. In Kanada begann man den Straßenbau in der kleinen Stadt Dawson Creek in der Provinz British Columbia. In Alaska begannen die Arbeiten in dem Ort Delta Junction.

Als die Japaner die beiden Aléuten-Inseln besetzten, wurde klar, daß das Straßenprojekt noch vor Wintereinbruch beendet werden mußte, um die Versorgung Alaskas auch auf dem Landweg sichern zu können. So schaffte man den Bau dieser fast 2500 km langen Straße innerhalb von acht Monaten. Für die Verbindung zur Stadt Fairbanks nutzte man den bereits gebauten Richardson Highway. Diese durch nordische Wildnis geschlagene Schotterpiste trug verschiedene Namen. Weil sie Kanada und Alaska miteinander verbindet, nannte man sie „Alcan Highway", eine Bezeichnung, die auch heute noch benutzt wird. Sie wurde aber auch „Alaska Military Highway" oder „Alaska International Highway" genannt. Nachdem 1946 der kanadische Teil der Straße offiziell Kanada unterstellt wurde und die Straße 1949 für den allgemeinen Verkehr freigegeben wurde, nannte man sie fortan „Alaska Highway".

Heute erschließt diese Straße für Touristen eine grandiose Landschaft und ermöglicht problemlos den Zugang von Kanadas Provinz British Columbia zur Provinz Yukon und zum 49. Staat der USA, Alaska. In British Columbia trägt der Highway die Nummer 97, im Yukon Territory die Nummer 1 und in Alaska die Nummer 2.

Das Städtchen Dawson Creek, wo der Alaska Highway beginnt, liegt an der Grenze zwischen den kanadischen Provinzen Alberta und British Columbia. Von hier führt der Highway hinauf in die nordöstliche Ecke von British Columbia. Ein Stück hinter dem Ort Fort Nelson zweigt der Liard Highway ab, der in die Northwest Territories führt und dort in den Mackenzie Highway übergeht. Auf dem Weg zur Grenze zwischen British Columbia und Yukon Territory fährt man zwischen Summit Lake und Liard River durch den *Muncho Lake Provincial Park*. Der Ort Liard River bietet müden Alaska-Highway-Fahrern eine besondere Art der Erfrischung, die heißen Quellen im *Liard River Hot Springs Provincial Park*.

Direkt hinter der Provinzgrenze liegt im Yukon Territory das Städtchen Watson Lake. Am sehenswertesten ist hier das Alaska Highway-Museum mit dem offiziellen Namen *Alaska Highway Interpretive Centre*, das die Geschichte des berühmten Highways erzählt. Von hier zweigt der Robert Campbell Highway ab, über den man weiter ins Innere des Yukon Territory gelangen kann. Eine gute Weile verläuft der Alaska Highway dann mehr oder weniger parallel zur Provinzgrenze und biegt nach Johnsons Crossing ab, wo wieder Verbindung zum Campbell Highway besteht.

Weiter geht es nach Jakes Corner und Whitehorse, von wo aus man nach Carcross und hinab bis Skagway am Ende der Fjordlandschaft der Inside Passage gelangen kann. Die Straße dorthin wird auch Klondike Highway genannt und führt über den White Pass. In diesem Gebiet befindet sich der legendäre Chilkoot Trail mit dem Chilkoot Pass, den die Goldsucher einst zu Fuß gingen, um zu den Goldgebieten des Klondike zu gelangen. Von Whitehorse kann man aber auch in Richtung Norden abbiegen, um weit hinauf bis nach Dawson zu gelangen. Whitehorse ist die Hauptstadt des Yukon Territory und eine historisch interessante Stadt mit einem ausgezeichneten Besucherzentrum und dem MacBride Museum, in dem es Exponate zur Geschichte des Alaska Highway gibt.

Der Alaska Highway führt von Whitehorse weiter zur Haines Junction – eine wichtige Kreuzung, denn von hier aus kann man nach Haines fahren. Kurios ist, daß Haines am Lynn Canal gegenüber Skagway liegt und es per Boot kaum 20 km weit entfernt ist – über den Highway muß man fast 600 km zurücklegen. Der Alaska Highway führt von Haines Junction weiter in nordwestlicher Richtung bis zur Grenze zwischen dem Yukon Territory und Alaska. Von dort geht es weiter nach Tok, das sich „Dog Capital" nennt, weil sich die Einwohner mangels anderer Einkommensquellen auf das Züchten von Huskies spezialisiert haben.

Der Alaska Highway führt weiter nach Delta Junction. Hier am offiziellen Ende des Highways steht ein ganz besonderer Meilenstein, der patriotisch mit Flaggen geschmückt ist. Wer will, kann sich im Besucherzentrum des Ortes sogar ein mächtig wichtig aussehendes Dokument kaufen, das ihm die Bewältigung des Alaska Highway bestätigt.

Der Highway führt von Delta Junction weiter zur Stadt Fairbanks und nennt sich nun Richardson Highway. Nicht weit hinter Delta Junction überquert der Highway den Tanana River.

In den letzten Jahren ist das Mieten von robusten Allradfahrzeugen und Wohnmobilen für viele Besucher aus dem Ausland erschwinglich geworden und die Beliebtheit des Highways hat stetig zugenommen. Die Bezeichnung „Highway" entspricht auch heute noch nicht allgemeinen Maßstäben. So ist er durchgehend nur zweispurig, wobei die Spuren bei Begegnungen mit Trucks oftmals bedenklich schmal werden, und die viel gepriesene Asphaltierung der einstigen Schotterpiste hält aufgrund der Witterungsbedingungen auch nicht, was sie verspricht. An manchen Stellen wünscht man sich den Schotter zurück, statt in die Löcher der Asphaltdecke zu stürzen. Die schlimmsten Stellen werden freundlicherweise mit roten Fähnchen am Straßenrand gekennzeichnet.

Gute Vorbereitung mit Straßenkarten und Unterkunfts- und Tankstellen-Verzeichnissen sollte dem Abenteuer Alaska Highway schon vorausgehen. Doch die Zeiten, in denen tagelang kein Fahrzeug an einem liegengebliebenen Auto vorbeikam, sind längst vorbei. Die meisten der großen Trucks, die hier verkehren, sind mit Funk ausgerüstet, so daß man nicht mehr lange auf Hilfe warten muß.

11 *Immer wieder säumen im Spätsommer ganze Wiesen von „Fireweed" (Feuerkraut) den Alaska Highway wie auch hier in British Columbia.*

Welcome
To
DAWSON CREEK
MILE "O"
ALASKA HIGHWAY

5.2 m

12 oben Dieses Schild heißt die Besucher des Städtchens Dawson Creek willkommen und weist zugleich stolz darauf hin, daß hier der Alaska Highway beginnt.

12 unten Kurz vor Dawson Creek zeigt sich die Landschaft am Highway 97 selbst bei dunkel verhangenem Himmel von ihrer schönsten Seite.

13 oben Eine der vielen für den Alaska Highway typischen Straßenbrücken

13 unten In farbenfrohem Kontrast steht das Feuerkraut vor dem dunklen Nadelwald entlang des Alaska Highway.

14 oben Gerne lockt man – wie hier vor einem Restaurant am Alaska Highway – mit auffällig gestrichenen Oldtimern Touristen und Trucker an.

14 links Das Schild dieser Tankstelle am Meilenstein 233 des Alaska Highway weist vorsichtshalber auf die Entfernungen zu den nächsten größeren Ortschaften hin.

15 Bergziegen am Alaska Highway in British Columbia

16-17 *See am Rancheria Motel am Alaska Highway*

18 *Der* Sign Post Forest, *der „Schilderwald", in Watson Lake (Yukon Territory) entstand, als ein vom Heimweh geplagter amerikanischer Soldat, der beim Bau des Alaska Highway Anfang der 40er Jahre eingesetzt war, ein Ortsschild seiner Heimatstadt aufstellte. Seither wächst dieser „Wald" beständig, und wer hier vorbeikommt, kann ein Schild aus seiner Heimat zu den inzwischen 25 000 Schildern hinzufügen. Ganz in der Nähe befindet sich das Alaska Highway Museum, dessen Besuch sich kein Benutzer dieser berühmten Straße entgehen lassen sollte.*

19 oben *Zwischen Morley River und Teslin führt der Alaska Highway über die Nisutlin Bay Bridge.*

19 unten *Ein alter Brauereiwagen in Watson Lake*

THE O'BRIEN BREWING &
1899
DAWSON
O'BRIEN
O'BRIEN

20 oben *Ein Schwarzbär an der Atlin Road in British Columbia. Die Atlin Road zweigt etwa auf halber Strecke zwischen Johnsons Crossing und Whitehorse im Yukon Territory vom Alaska Highway ab und führt in das Atlin-Lake-Gebiet in British Columbia. Auf ihren ausgedehnten Streifzügen nach Nahrung überqueren die Bären die Straße, meiden aber die Menschen mit ihren übelriechenden Blechfahrzeugen.*

20 links *Ein Abstecher über die Atlin Road zum kleinen Ort Atlin und dem gleichnamigen Seengebiet führt durch die erstaunlich abwechslungsreiche Farbenpracht der Natur des nordwestlichen Kanada.*

21 oben *Der kleine Ort Atlin am Atlin Lake in British Columbia war ursprünglich auch eine Goldgräbersiedlung. Heute hofft man mehr auf wachsenden Tourismus, vor allem auf Jagdtouristen, die sich von hier aus in das wildreiche Bergland der Umgebung fliegen lassen können. Doch es gibt im unerschlossenen Umland wagemutige Goldsucher, für die Atlin als Versorgungsbasis dient.*

21 rechts *Wie hier an einem Haus in Atlin zu sehen ist, nutzt man die kurze Sommerzeit gerne, um sich an üppiger Blumenpracht zu erfreuen. In den letzten Jahren ist Atlin auch von Künstlern entdeckt worden, deren Kolonie nicht unwesentlich zur Wirtschaft des Ortes beigetragen hat.*

KLONDIKE
KLONDIKE

22 oben *Einst führte der Alaska Highway über die alte Canyon Creek Bridge.*

22 unten *In Whitehorse erinnert der Yukon-Dampfer „Klondike" an die Tage des Goldrausches.*

23 oben *Verfallene Blockhütte am Alaska Highway im Yukon Territory*

23 unten links *Alte Kapelle in Beaver Creek am Alaska Highway*

23 unten rechts *Ein Andenkenverkäufer, der aussieht wie seine goldsuchenden Vorfahren.*

24 oben *Eine Hängebrückenkonstruktion trägt die berühmte Alaska Pipeline über den Tanana River bei Delta Junction, dem Endpunkt des Alaska Highway.*

24 Mitte links *Moderne Diesellokomotiven vor einem Zug der Alaska Railroad am Denali National Park, entlang dessen Ostseite die Strecke der Bahn verläuft.*

24 unten links *Trucks wie dieser hier am Totem Inn am Georges Park Highway bewältigen den Großteil des Gütertransports in Alaska, denn die Eisenbahn verbindet nur die drei größten Städte – Seward, Anchorage und Fairbanks – miteinander.*

25 oben *Imposanter Blick über den Tanana River zu den Gipfeln der Alaska Range, jener Bergkette, die die Südseite des Denali National Parks bildet.*

25 unten *Der Highway 3, auch George Parks Highway genannt, führt am Denali National Park vorbei. Südlich von Healy am Eingang zum Park zweigt die einzige Straße in diesen grandiosen Nationalpark ab, die aber ohne Sondergenehmigung nur mit Pendelbussen befahren werden kann.*

Denali National Park

In der Sprache der Ureinwohner Alaskas, den Athapasken, wird der höchste Berg Nordamerikas, der Mount McKinley (6194 m) respektvoll *Denali* genannt, was soviel wie „der Hohe" heißt. Den Wertvorstellungen eines Goldgräbers ist es allerdings zu verdanken, daß der Berg heute offiziell Mount McKinley heißt. Der Mann war ein Verehrer der Wirtschaftspolitik des damaligen amerikanischen Präsidenten William McKinley. Als der Goldsucher später über seine Abenteuer in Alaska schrieb, nannte er diesen großen Berg Mount McKinley, und der Name wurde schließlich offiziell übernommen.

Eingehend wissenschaftlich erkundet wurde das Gebiet erstmals zwischen 1906 und 1908 von Charles Sheldon und Harry Karstens. Ihre Studien konzentrierten sich vor allem auf die Fauna der Region. Charles Sheldon war von dieser Landschaft begeistert und seiner Überzeugungsarbeit in der Hauptstadt Washington, ist es zu verdanken, daß die Region im Jahr 1917 als Nationalpark unter Naturschutz gestellt wurde.

Finanzielle Unterstützung gewährte die Bundesregierung aber erst vier Jahre später; es wurde eine Parkverwaltung aufgebaut, deren erster Leiter Harry Karstens wurde. Der Park wurde nach seinem Wahrzeichen, dem Mount McKinley, benannt. Erst die sich langsam durchsetzende Wiederbesinnung auf die ursprüngliche Geschichte des Landes führte 1980 in Verbindung mit dem *Alaska National Interest Lands Conservation Act* zur Umbenennung des Parks in *Denali National Park*. Mit diesem Gesetz wurden zehn sogenannte *National Preserves* und acht Nationalparks erweitert oder neugegründet.

Das Denali-Parkgebiet ist etwa 200 km lang und 200 km breit. Dominiert wird es im Süden von den Bergen der Alaska Range, die auf einer Länge von fast 1000 km wie ein Halbkreis von der Grenze zum Yukon Territory bis zur Alaska Peninsula reichen. Die Entstehung dieser Gebirgskette beruht auf einer geologischen Besonderheit, die noch heute diese Region nicht zur Ruhe kommen läßt: Hier stoßen die nordamerikanische und die pazifische Platte aufeinander. Vor fast 200 Millionen Jahren begann die Kollision beider Platten. Damals führte dieser Zusammenstoß zu mächtigen Verwerfungen und heftigem Vulkanismus, die gewaltige Gebirgsmassive entstehen ließen. Es bildeten sich die Küstengebirge und die Alaska Range.

Man kann den *Denali National Park* per Auto von Anchorage oder Fairbanks über den Highway 3 erreichen. Es gibt aber auch die Möglichkeit sich per Bus oder „air taxi" zum Parkeingang bringen zu lassen. Eine gemächlichere Art des Reisens bietet die Alaska Railroad, deren Strecke zwischen beiden Städten an der Südseite des Parks entlangführt und deren Bahnhof in unmittelbarer Nähe des Besucherzentrums liegt. Von dort aus fahren regelmäßig Pendelbusse in den Park, denn für normalen Autoverkehr ist die einzige Straße des Parks gesperrt. Es werden zwei Rundfahrten angeboten, doch man kann auch nach eigener Planung wandern, denn die Busse halten wo immer möglich auf Wunsch der Fahrgäste, und genauso kann man die Busse auch für die Rückfahrt wieder anhalten, um mitgenommen zu werden. In der Hauptsaison (Juni bis August) muß man allerdings mit Wartezeiten rechnen, da die Busse oft schon voll besetzt sind.

Es empfiehlt sich, einen Besuch des Parks im voraus zu planen und sich Informationsmaterial schicken zu lassen. Der Park gehört zu den beliebtesten Alaskas, und er bietet jedem Besucher etwas; für Leute, die nur per Bus die Landschaft kennenlernen wollen bis hin zu erfahrenen Bergsteigern, die auf den Gipfel des Mount McKinley klettern möchten. Richtige Wanderwege gibt es nur wenige. Abseits der Parkstraße muß man sich seinen eigenen Weg suchen. Gut 100 km vom Eingang entfernt gibt es nur noch das *Eielson Visitor Center* an der Parkstraße.

Der Park ist nicht nur wegen seiner herrlichen Landschaft berühmt, sondern auch aufgrund seiner Flora und Fauna. Empfindliche Besucher sollten vorab schon auf die für Alaska typische Moskitoplage hingewiesen werden, die vor allem im Sommer für unvorbereitete Gäste mehr als lästig werden kann.

Mit den Bussen fährt man durch die verschiedensten Regionen des Parks. Der erste Abschnitt führt durch ein von Elchen bevorzugtes Revier. Dann geht es hinauf zum Sable Pass – auf dem Weg dorthin kann man mit etwas Glück die für den Park berühmten Dall-Schafe auf unzugänglichen Berghängen und in steilen Bergwänden beobachten. Wann immer es etwas Interessantes zu sehen gibt, halten die Busfahrer an, damit die Fahrgäste fotografieren und filmen können. Die Baumgrenze liegt im hohen Norden niedriger als anderswo, und der fast 1200 m hohe Sable Pass liegt schon ein gutes Stück darüber.

Hier oben in der Bergtundra leben die Grizzlybären des Parks. Sie haben aufgrund ihrer Größe und Stärke keine Feinde. Sie sind die unumstrittenen Herrscher der Region und das sollte man niemals vergessen. Immer wieder heißt es, sie seien unberechenbar, doch das ist nicht korrekt. Die souveränen Bären gehen unerwünschten Begegnungen normalerweise aus dem Weg, doch wenn sie sich überrascht oder gar gestört fühlen, werden sie den Eindringling vertreiben. Trotz ihres Gewichts reagieren sie blitzschnell und können auf 100 m schneller spurten als manch einer vielleicht denkt.

Die Parkstraße führt dann zum Polychrome Pass, der seinen Namen den leuchtenden Farben der verschiedenen Gesteinsschichten zu verdanken hat, die hier an den Felswänden zu sehen sind. Lange Zeit gaben diese Schichten den Geologen Rätsel auf. Doch inzwischen hat man festgestellt, daß sie im Zuge jener gewaltigen Plattenverschiebungen hierher gelangten. Das Faszinierende ist, daß diese Gesteinsschichten vulkanischen Ursprungs aus weit voneinander entfernten Gebieten des urzeitlichen Pazifik stammen. Vom Polychrome Pass öffnet sich ein erster Blick auf die Weite des Tundragebiets, das auf der Nordseite der Alaska Range liegt. In diesem Passgebiet trifft man unter anderem auf Wölfe.

Bei Toklat überquert die Straße den Toklat River und führt weiter zum Highway Pass, wo man je nach Jahreszeit Karibus auf ihrer Wanderung beobachten kann. Noch gibt es in Alaska und dem Nordwesten Kanadas in verschiedenen Regionen große Karibuherden, die auf ihren durch die Jahreszeiten bestimmten Wanderungen riesige Entfernungen zurücklegen. Die Herde des *Denali National Parks* wird auf etwa 2000 Tiere geschätzt. Die Karibus reagieren äußerst sensibel auf Eingriffe des Menschen in die Natur, und ihre Zahl und ihr Verhalten sind empfindliche ökologische Gradmesser.

Weiter führt die Straße nach Stony Hill, von wo aus man eine Panoramaaussicht auf den Mount McKinley hat. Man erreicht dann das *Eielson Visitor Center* von hier führt die Straße am Wonder Lake vorbei bis zu ihrem Endpunkt Kantishna. Im Gebiet des Sees lassen sich Wasservögel und Biber beobachten.

Denali National Park and Preserve
P.O. Box 9
Denali Park, AK 99755
USA

27 Ein Erdhörnchen beobachtet aufmerksam das Treiben am Denali Highway, einer Schotterstraße, die den Richardson Highway bei Paxson mit dem George Parks Highway, unweit vom Eingang zum Denali National Park, verbindet.

28 oben *Die unbeschreibliche Weite Alaskas wird hier am Denali Highway noch unterstrichen durch verschiedenfarbige Vegetationsgürtel, die wie Flüsse wirken.*

28 Mitte links *Es gibt nicht nur Huskies in Alaska. Dieser kleine Hund behält die Gäste der MacLaren River Lodge, einem Motel am Denali Highway, wachsam im Auge.*

28 unten links *Ein kleines Nebenhaus der McLaren River Lodge*

29 oben *Vom Denali Highway aus bieten sich immer wieder Ausblicke wie dieser: über die Tundralandschaft bis hin zur Alaska Range.*

29 unten *Landschaft an der MacLaren River Lodge am Denali Highway*

30-31 *In der Weite der Landschaft wirkt der Denali Highway wie ein schmales Band.*

32 oben *Erstaunlich abwechslungreich sind die Landschaftsausblicke, die man vom Denali Highway aus genießen kann.*

32 unten *Immer wieder bieten sich Panoramen der Alaska Range, zu der auch der Mount McKinley gehört, der mit 6194 m der höchste Berg Nordamerikas ist.*

33 oben *Der Brushkana River*

33 rechts *Stolz läßt sich dieser Mann am Denali Highway mit seinem Husky fotografieren.*

34-35 *Panoramablick auf die Alaska Range*

36 oben Dunkel erheben sich die Vorberge der Alaska Range, die vermutlich schon vor über 200 Millionen Jahren durch vulkanische Aktivität entstanden ist.

36 unten Für die Fahrt über den fast 220 km langen Denali Highway empfiehlt sich ein robuster Geländewagen. Im Winter ist die Straße geschlossen.

37 oben und Mitte rechts Im Denali National Park wechseln sich die Ausblicke beständig ab. Mal schaut man nur auf die teils bizarren Spitzen der Vorberge, mal erblickt man die schneebedeckten Bergzüge der Alaska Range.

37 unten rechts Imposant sind nicht nur die Berge, sondern auch die Weite der Tundralandschaft, durch die der Denali Highway führt.

38 Der Denali National Park ist berühmt für seine Grizzlybären, die man an bestimmten Stellen des Parks auf relativ kurze Entfernung beobachten kann.

39 oben Blick auf die Alaska Range

39 unten Ein mächtiger Grizzlybär

40 oben *Auch wenn sie manchmal wie freundliche Riesen wirken, ist den Grizzlybären stets mit gebührender Vorsicht zu begegnen.*

40 links *Die Pflanzen der Tundra blühen nur kurze Zeit, machen aber mit kräftigen Farben auf sich aufmerksam und tragen zur erstaunlichen Farbenvielfalt im Denali National Park bei.*

41 oben *Die weißen Dall-Schafe, die in Alaska und im Norden Kanadas heimisch sind, fühlen sich im Denali National Park, in dem das Jagen verboten ist, besonders wohl.*

41 unten *Jedes Jahr durchqueren die Karibus auf ihren Wanderungen im Frühjahr und Spätsommer den Denali National Park.*

42-43 *Der Mount McKinley spiegelt sich bei klarer Sicht im Reflection Pond.*

44 und 45 oben *Der berühmteste Gletscher des gewaltigen Harding Icefield in der Nähe der kleinen Hafenstadt Seward ist der Exit Glacier. Wer ohne große Mühe einmal einem Alaskagletscher direkt gegenüberstehen möchte, sollte diesen Abstecher unternehmen, denn kein anderer derart imposanter Gletscher in Alaska ist so leicht zugänglich. Entsprechend groß ist während der Hauptsaison der Andrang der Touristen, die das Gebiet über eine bestens ausgebaute Schotterstraße vom Highway 9 aus erreichen können. Von einem Parkplatz führen asphaltierte Wege bis an den Fuß des Gletschers heran. Besonders faszinierend sind die Geräusche des Gletschers, dessen Eismassen knirschen und knistern und ihm – fast ein wenig unheimlich anmutend – die Aura eines Lebewesens verleihen.*

45 unten *Der Highway 9, der auch Seward Highway genannt wird und durch die Kenai Mountains nach Seward führt, bietet imposante, oft urtümlich wirkende Landschaftsausblicke wie hier am Trail Lake beim Moose Pass.*

46 oben *Wasserflugzeuge wie diese am Trail Lake sind in Alaska unentbehrlich.*

46 Mitte links *B&B-Schilder, hier am Kenai Lake am Highway 9, weisen auf Übernachtungsmöglichkeiten mit Frühstück (Bed and Breakfast) hin.*

46 unten links *Elche nennt man in Nordamerika „Moose". Vom Seward Highway aus kann man diese beeindruckenden Tiere beobachten.*

47 oben *Am Ende des Turnagain-Meeresarms, an dessen Eingang die Stadt Anchorage liegt, biegt vom Highway 1 die Portage Glacier Road ab und führt direkt zum Wasser am Fuß des Portage-Gletscher, in dem Gletscherbruch in Form von Eisschollen und Eisbergen treibt.*

47 unten *Im „Begich-Boggs Visitor Center" wird mit modernsten audiovisuellen Mitteln die Entstehung dieser Wunderwelt erläutert. Dank der amerikanischen Begabung selbst naturwissenschaftliche Zusammenhänge mit einem Hauch von Showbusiness zu erklären, endet ein perfekt gemachter Film über diese Gletscherwelt mit einem unerwarteten Panoramablick auf den Portage Glacier. Durch diese Vorbereitung wird eine Bootsfahrt zur Abbruchkante des Gletschers zu einem ganz besonderen Erlebnis.*

48 oben *Blick auf den Round Tangle Lake*

48 unten links *Indianerkinder in Gulkana*

48 unten rechts *In Alaska haben auch kleine Orte, wie z. B. Gulkana, einen Flugplatz.*

49 oben *Landschaft am Richardson Highway bei Valdez*

49 unten *Der Worthington Glacier bei Valdez*

50-51 *Ein Haus beim Eureka Road House, das am Glenn Highway liegt. Der Highway 1 wurde zwischen Anchorage und Glennallen zu Ehren von Captain Edwin Glenn, der dieses Gebiet Ende des 19. Jahrhunderts im Auftrag der US-Regierung erforschte, Glenn Highway genannt und stellt die Verbindung zum Alaska Highway und dem Richardson Highway her.*

52 oben *Der Glenn Highway bei Eureka*

52 Mitte und unten *Trucks am Eureka Road House. Man sagt, dort, wo an den Highway-Restaurants die meisten Trucks stehen, seien das Essen und der Kaffee preiswert und gut. Die Trucker sind sich ihrer wichtigen Rolle in der Versorgung des Staates mit Gütern aller Art durchaus bewußt, und dieses Selbstbewußtsein spiegelt sich in ihren bestens gepflegten Zugmaschinen und gelegentlich auch in ihrem Fahrstil wider.*

53 Das Hundeschlittenrennen Yukon Quest in Wasilla. Von Palmer am Glenn Highway aus erreicht man diesen kleinen Ort, der sozusagen der Wallfahrtsort der Freunde von Hundeschlittenrennen ist, denn hier steht das „Iditarod Trail Commitee Visitor Center“, und von hier aus wird das legendärste der alljährlich stattfindenden Hundeschlittenrennen organisiert. Das fast 1700 km lange Iditarod-Rennen von Anchorage nach Nome, das den alten Schlittenpfaden der Ureinwohner Alaskas folgt, zählt mittlerweile zu den wichtigsten Traditionen Alaskas. Ein Besuch des „Visitor Centers“ lohnt sich, denn die Entstehung dieses Rennens ist Teil der Geschichte Alaskas.

54 Impressionen vom Hundeschlittenrennen Yukon Quest in Fairbanks. In den letzten Jahren haben auch Frauen diese Rennen immer wieder gewonnen, seither ist das Machogehabe der harten Männer Alaskas gebührend gedämpft worden.

55 oben *Ein Eskimopaar in Kotzebue im hohen Nordwesten Alaskas*

55 unten *Eskimo beim Eisfischen*

56-57 *„Two Rivers Lodge“ bei Fairbanks in abendlicher Festbeleuchtung*

Seward – Valdez – Anchorage – Fairbanks

Am Ostersonntag des Jahres 1791 geriet der russische Pelzhändler Baranof südöstlich der Kenai Peninsula mit seinen Schiffen in einen heftigen Sturm. Er suchte Schutz und entdeckte die Bucht, an der heute die Stadt Seward liegt. Zum Dank benannte Baranof die Bucht „Resurrection Bay", womit er den Feiertag der Auferstehung Christi und seine eigene Rettung würdigte. Später errichtete Baranof am Ende dieser Bucht eine kleine Siedlung. Das war der eigentliche Ursprung der Stadt Seward, die offiziell erst 1902 als Hafen für die Alaska Railroad gegründet wurde. Diese Lage machte sie lange Zeit zum bedeutendsten kommerziellen und militärischen Umschlaghafen Alaskas. Zudem war und ist sie immer noch ein wichtiger Fährhafen mit Verbindungen nach Kodiak Island, Valdez, Orten im Südosten Alaskas und Kanada und sowie dem Staat Washington. Der Hafen wird außerdem von vielen Kreuzfahrtschiffen angelaufen.

Seward ist auch Ausgangspunkt für Fahrten zum *Kenai Fjords National Park*. Informationen über diesen Park gibt es in Seward im *Kenai Fjords National Park Visitor Center*. Zum imposanten Exit Glacier dieses Parks führt eine Autostraße. Lohnenswert sind aber auch die Schiffstouren entlang der Küste des Parks, in dessen Fjorden Seelöwen, Wale und Seevögel beobachtet werden können.

Die kleine Stadt war am Karfreitag des Jahres 1964 einer der schwerstbetroffenen Orte des größten Erdebens in der Geschichte Alaskas. Im Museum der Stadt werden die Geschichte und die Folgen des Erdbebens anschaulich dokumentiert. Von Seward aus kann man per Auto nach Kenai am Cook Inlet fahren und weiter hinab nach Homer an der Kachemak Bay. Hier und da gibt es Möglichkeiten, ein Stück in das *Kenai National Wildlife Refuge* zu fahren.

Das Städtchen Valdez erlangte zweimal traurige Berühmtheit: Im Jahr 1964 lag es in unmittelbarer Nähe des Epizentrums des Erdbebens und wurde derart zerstört, daß es an anderer Stelle neu erbaut werden mußte. Am Karfreitag des Jahres 1989 lief der Supertanker „Exxon Valdez" auf das Bligh Reef am Eingang zum Valdez Arm auf.

In Valdez lohnt sich ein Besuch des Museums, denn zur bewegten Geschichte des Ortes gehört auch die Zeit des Goldrausches, über die es hier einiges zu sehen gibt. Über das verhängnisvolle Erdbeben von 1964 wird im Besucherzentrum des Ortes ein Dokumentarfilm gezeigt, der Originalaufnahmen vom Erdbeben enthält.

Man kann von Seward oder Whittier per Fähre durch den Prince William Sound nach Valdez fahren, vorbei an der phantastischen Welt des Columbia Glacier. Von Valdez aus kann man auch Bootsfahrten dorthin unternehmen. Valdez wird nach Norden hin von den Chugach Mountains begrenzt. In die Bergwelt des Hinterlands und zum bekannten Worthington Glacier gelangt man über den landschaftlich abwechslungsreichen Richardson Highway.

Mit dem Namen der Stadt Anchorage verbinden erfahrene Vielflieger sofort die berühmte Polarroute und den Anchorage International Airport, auf dem zwischengelandet werden mußte, ehe die großen Langstreckenjets von heute entwickelt wurden, und er ist auch jetzt noch immer ein wichtiger internationaler Flughafen. Captain James Cook kam als erster Europäer auf der Suche nach der Nordwestpassage hierher.

Damals lebten hier Indianer, die bereits Handel mit russischen Außenposten betrieben. Bald kamen die Amerikaner, und die Siedlung entwickelte sich wie die meisten der heute wichtigen Orte Alaskas – es wurde Gold entdeckt. Die Regierung baute eine Eisenbahn, die endlich schon vorhandene Strecken mit Seward verband, und Anchorage wurde zu deren Hauptquartier. Somit konnten Kohle und andere Rohstoffe zum Hafen von Seward gebracht werden. Auch der Hafen von Whittier wurde mit der Bahn verbunden. Im Lauf der Jahre entwickelte sich sogar Fährverkehr für Güterwagen nach Seattle im US-Staat Washington und Prince Rupert in British Columbia.

Während des Zweiten Weltkriegs war Anchorage ein strategisch wichtiger Punkt für den Nachschub im Pazifik. Durch den Alaska Highway wurde Anchorage auch von Kanada und den Lower 48 der USA aus erreichbar. Wenig später wurde im Umland der Stadt Öl entdeckt. Es ist also kein Wunder, daß diese mit über 245 000 Einwohnern größte Metropole Alaskas sich wie eine typisch amerikanische Stadt entwickelte. In Anchorage soll es zum Beispiel mehr Privatflugzeuge als -autos geben. Das Fliegen gehört zum Alltag und nur so lassen sich die Entfernungen in unwegsame Gebiete wirtschaftlich rentabel zurücklegen.

Für den Besucher bietet Anchorage sich als zentraler Ausgangspunkt zur Erkundung Alaskas an. Schon am Flughafen ist ein *Visitor Information Center* vorhanden. Im Zentrum der Stadt gibt es im *Anchorage Visitor Information Center* ebenfalls touristische Informationen. Über alle Regionen Alaskas kann man sich im *Alaska Public Lands Information Center* informieren, das zugleich demonstriert, wie man modernste audiovisuelle Technik sinnvoll einsetzen kann. Das gleiche gilt für das *4th Avenue Theatre*, wo Touristen zudem lernen können, wie man Landeskunde, Geschichte und Unterhaltung problemlos vermischen und das nebenbei noch mit dem Verkauf von Andenken subventionieren kann. Im *Alaska Experience Center* allerdings wird dem Besucher im Kino mit dem Dokumentarfilm über das Erdbeben von 1964 beim künstlich erzeugten Rütteln der Sitze bewußt, daß zuviel moderne Technik auch peinlich wirken kann.

Man sollte sich einen Besuch im *Anchorage Museum of History and Art* auf keinen Fall entgehen lassen.

Das Umland von Anchorage hat zum Glück noch viel Wildnis zu bieten. Von hier aus kann man Touren in alle Teile des Staates selbst unternehmen oder buchen.

Provinzieller präsentiert sich die Stadt Fairbanks in Zentral-Alaska. Auch die zweitgrößte Stadt Alaskas wurde einst wegen Goldfunden am Chena River, der durch die Stadt fließt, gegründet. In Fairbanks endet die Strecke der Alaska Railroad, aber von hier aus führt der etwa 800 km lange James Dalton Highway nördlich durch die Tundra und über die Berge der Brooks Range nach Prudhoe Bay am Nordpolarmeer. Fairbanks liegt nur gut 200 km vom Polarkreis entfernt. Die Stadt ist durch den Richardson Highway mit dem Alaska Highway verbunden. Über den Highway 3 gelangt man am *Denali National Park* vorbei nach Anchorage. Gute Flugverbindungen innerhalb Alaskas und zu den Lower 48 bestehen ebenfalls.

Im *Fairbanks Convention and Visitors Bureau* erhält man Material zur Erkundung der Stadt. In Fairbanks gibt es die renommierte *University of Alaska Fairbanks.* Auf ihrem Campus steht das Otto William Geist Museum, das interessante Einblicke in die Geschichte Alaskas gewährt. Einen Besuch lohnt die von der Universität betriebene Zuchtstation für die beinahe ausgestorbenen Moschusochsen, die einst in der Tundra Alaskas zu Hause waren.

In Fairbanks und Umgebung sind noch viele echte und zum Teil nachgebaute Erinnerungen an die Goldgräberzeit zu finden. Dazu gehören auch die alten Schürfbagger aus der letzten Epoche des industriellen Goldabbaus. Eine Bootsfahrt mit einem Heckraddampfer auf dem Chena und dem Tanana River ist sicher einer der Höhepunkte eines Besuchs in Fairbanks.

Kenai Fjords
Wildlife Cruise
Cruise on the "Fast Cat"
$89
Wildlife Cruise

"SEA GAL"

59 *Der Holgate Glacier gehört zu den großen Attraktionen des Kenai Fjords National Park, der nur per Schiff oder Buschflugzeug erreicht werden kann. Das riesige Parkgebiet auf der Ostseite der Kenai-Halbinsel ist unerschlossen und ein Paradies für Naturliebhaber. Es bietet das imposante Bergland der südlichen Kenai Mountains, das eisige Wunderland des immensen Harding Icefield und gut 600 km wild zerklüftete Küste. Eine Schiffstour entlang den Abbruchkanten der Gletscher des Harding Icefield, an die die Boote bis auf 50 m heranfahren wird unvergeßlich bleiben. Bis zu 30 m hoch ist die Eiswand des Holgate Glacier.*

60 oben *Kleine Läden und Schiffahrtsbüros am Hafen von Seward, von wo aus man die verschiedensten Bootstouren, auch zum Kenai Fjords National Park, unternehmen kann.*

60 unten *Boote im Hafen von Seward*

61 oben *Kleine Vogelinsel im Kenai Fjords National Park*

61 Mitte rechts *Seelöwen im Kenai Fjords National Park*

61 unten rechts und 62-63 *Die Papageientaucher gelten als die Clowns der Vogelwelt Alaskas.*

PORT OF VALDEZ
ANOTHER FINE CATCH
CAUTION
SLIPPERY
WHEN WET!
VALDEZ HARBOR
BOAT RENTALS

Charters
835-4333

64 und 65 *Fischer im Hafen von Valdez. Die kleine Stadt am Ende eines Seitenarms des Prince William Sound steht wie keine andere für die Höhen und Tiefen der Entwicklungsgeschichte Alaskas. Der Goldrausch, ein vernichtendes Erdbeben, der Ölboom und die Tankerkatastrophe der „Exxon Valdez" haben die Geschichte dieses Ortes geprägt.*

66 *Eskimo im Hafen von Valdez*

67 oben *Fischerboote im Hafen von Valdez*

67 rechts *Fischer im Hafen von Valdez*

68–69 *Blick auf den Hafen von Valdez*

70 *Von Seward und von Whittier aus gelangt man per Schiff oder Autofähre durch den Prince William Sound bis nach Valdez. Die Schiffe fahren vorbei am mächtigen Columbia Glacier, der mit zu den größten in Alaska zählt. Mit einem atembraubenden Schauspiel schiebt er unaufhörlich auf einer Breite von fast 10 km seine bis zu 80 m hohe Eiswand ins Meer. Von Valdez aus kann man dieses Naturschauspiel mit Ausflugsbooten erreichen.*

71 oben *Landschaft am Prince William Sound*

71 rechts *Seelöwen auf einer Boje im Prince William Sound*

72 oben *Wenn die Lachse im Sommer in ihre Laichgründe zurückziehen, nutzen die Bären diese Gelegenheit an Stromschnellen aus, um sich für den langen Winterschlaf die nötigen Fettreserven anzufressen.*

72 unten *Immer wieder faszinierend ist der Zug der Lachse wie hier im Crooked Creek Salmon Spawning Area bei Valdez.*

ANNUS MIRABILIS

PIONEER HOTEL
GALLERY
STEAMBOAT
LANDING

73 *Diese junge Frau weiß noch die Vorzüge der Mode ihrer Vorfahren zu schätzen. Lange Röcke und Stiefel erfreuen sich in Alaska immer noch großer Beliebtheit.*

74 oben *Am Golden Heart Plaza in Fairbanks*

74 unten *Im „Alaskaland" in Fairbanks, das ein wenig wie das Disneyland des hohen Nordens anmutet, hat man Stadthäuser und Blockhütten aus dem alten Alaska nachgebaut, die die Besucher zusammen mit Museen und einem alten Heckraddampfer in die Atmosphäre vergangener Zeiten versetzen sollen.*

75 oben *An den Glanz und den Optimismus der 50er Jahre erinnert dieser Oldtimer.*

75 rechts *Dieser ausgediente Chevrolet wirbt für das „Classic Cafe" am George Parks Highway bei Fairbanks.*

Ein angeketteter Husky ist immer ein trauriger Anblick.

***76 oben** Ein angeketteter Husky ist immer ein trauriger Anblick.*

***76 Mitte links** Müde blicken die dunklen Augen in die Kamera.*

***76 unten links** Ein Huskyzüchter*

77 Der Husky ist der klassische Schlittenhund Alaskas. Kenner behaupten, er sei erst richtig glücklich, wenn er mit einer Meute Artgenossen einen Schlitten mit Höchsttempo ziehen darf. Bestätigt wird dies, wenn man einmal dabei zugeschaut hat, mit welch ungestümer Freude diese Tiere das Anspannen vor einen Schlitten begrüßen.

***78 oben** Fahrt auf dem Tanana River bei Fairbanks*

***78 unten** Von schmucken und modernen Holzhäusern wie diesem am Tanana River bei Fairbanks konnten die Pioniere Alaskas nicht einmal träumen.*

***79 oben** Lachsräuchern am Tanana River bei Fairbanks*

***79 Mitte rechts** Diese Indianerin verdient sich ein Zubrot, indem sie Touristenscharen, die per Ausflugsdampfer auf dem Tanana River von Fairbanks kommen, den Fang und das Räuchern von Lachsen erklärt. Der Lachsfang zählt auch heute noch zu den wichtigsten Einkommensquellen für die Ureinwohner Alaskas.*

***79 unten rechts** Hier werden die geräucherten Lachse zum Trocknen aufgehängt.*

80 oben Die stolzen Huskies waren im hohen Norden Nordamerikas einst so wichtig wie Pferde im Westen der USA und Kanadas.

80 links Im „Old Chena Indian Village" bei Fairbanks kann man nachempfinden, wie einst die Indianer und Trapper ihr Geld verdienten. Nach wie vor aber gibt es in den entlegeneren Gebieten Alaskas und am Yukon professionelle Trapper, die mit der Jagd einen Teil ihres Jahreseinkommens sichern.

81 Fellmäntel wie dieser sind eher für wohlhabende Touristen gedacht. Die Einheimischen tragen erschwinglichere und auch praktischere Bekleidung aus modernen Stoffen.

McDonald's
BILLIONS & BILLIONS SERVED
LEASING

82 oben Die Fourth Avenue in Anchorage ist die geschäftigste Straße der größten Stadt Alaskas. Anchorage ist zugleich die amerikanischste Stadt dieses Staates, und obwohl hier mit über 245 000 Einwohnern fast die Hälfte der Bevölkerung Alaskas lebt, repräsentiert sie nicht den Lebensstil, der viele Menschen nach Alaska gelockt hat. Von Anchorage aus kann man die meisten der landschaftlichen Höhepunkte des Staates gut erreichen.

82 unten *Kutsche in Anchorage*

83 oben *Blockhütten auf dem Gelände der Indian Valley Mine bei Anchorage*

83 Mitte rechts *„Nuggets" nennt man die großen und kleinen Goldbrocken, die Alaskas Goldfelder berühmt gemacht haben. In den Geschenkläden der echten oder nachgebauten Geisterstädte aus der „Goldrausch-Ära" werden sie den Touristen zusammen mit einfachem Goldschmuck angeboten.*

83 unten rechts *Das Schild zur Indian Valley Mine ist auf amerikanischen Touristengeschmack abgestimmt.*

84 oben *Zum „Eklutna Village Historical Park“ unweit von Anchorage gehört auch ein Indianerfriedhof mit den typischen Geisterhäusern über den Gräbern.*

84 unten links *Garten in Eklutna Village*

84 unten rechts *Die russisch-orthodoxe Kirche im Eklutna Village erinnert an die Zeit der russischen Missionare, die hier einst lebten.*

85 *Diese kleine Kapelle im Eklutna Village wurde zu Ehren eines Heiligen im russisch-orthodoxen Stil Alaskas gezimmert.*

Богородице, спаси нас
MOST HOLY THEOTOKOS SAVE US

OUR LADY
OF THE WAY

86 oben *Landschaft am Kathleen Lake im kanadischen Yukon Territory an der Haines Road (auch Haines Highway genannt).*

86 unten *Kleine Kirche in Haines Junction*

87 oben *Der Takhanne River an der Haines Road*

87 unten *Blumen an der Haines Road*

88-89 *Landschaft am Stanley Creek*

90 oben *Das berühmte „Tribal House" der Chilkat Indian Dancers in Haines. Die Stadt ist zum Kulturzentrum der Tlingit-Indianer geworden. Zu den Sehenswürdigkeiten gehört die Werkstatt der indianischen Kunsthandwerker, denen man beim Schnitzen von Totems zuschauen kann.*

90 links *Der in Haines aufgewachsene Künstler Tresham Gregg*

91 *Werkausstellung von Tresham Gregg*

92-93 *Abendstimmung am Chilkat River*

94 oben *Das Chilkat-River-Gebiet bei Haines ist berühmt für seine Weißkopf-Seeadler, die im Herbst und Winter hierherkommen, um laichende Lachse zu fressen.*

110
White Pass
110

7218CE

94 unten und 95 *Der Weißkopf-Seeadler ist das Wappentier der Vereinigten Staaten von Amerika.*

96-97 *Die Carcross Desert im Abendlicht*

98 *Ein Großteil der Stadt Skagway wurde als „Klondike Gold Rush National Historic Park" unter Denkmalschutz gestellt. Die Menschen, die hier arbeiten, tragen die Mode der „Goldrausch-Ära".*

99 oben *Lokomotiven der White Pass & Yukon Route*

99 unten *Alter Bus in Skagway*

100 oben *Touristik-Bus vor dem Visitor Center von Skagway*

100 links und 101 Mitte rechts *Laden in Skagway*

101 oben und links *Häuser in Hyder, an der Grenze zu British Columbia*

101 unten rechts *Die Grenze Alaska-Kanada bei Hyder*

102 und 103 oben *Impressionen vom Flug über den Glacier Bay National Park nordwestlich von Juneau*

103 unten *Der Bear Glacier bei Stewart, British Columbia*

FISH 'N CHIPS
Miss Violet's
NEW & USED
GIFT SHOP
Alaska Tax Free

Alaska Tax Free
1896
CANAL TRADING POST
HYDER, ALASKA
NORTH COAST CHARTERS & SALVAGE
FISHING & SIGHTSEEING
STEWART, B.C. 636-2607
OPEN

Leaving Hyder
THE FRIENDLIEST GHOST TOWN IN ALASKA!
Super, Natural British Columbia welcomes you

Klondike

Der Klondike-Goldrausch begann im Jahr 1880, als ein gewisser Joe Juneau auf Douglas Island im Südosten Alaskas Gold entdeckte. Diese Entdeckung führte zur Gründung des Ortes Juneau, der heute die Hauptstadt von Alaska ist. Innerhalb eines Jahres war der Ort schon von Goldgräbern überlaufen und die ersten Abenteurer schlugen sich einen Weg durch das Küstengebirge, um im Landesinneren neue Goldadern zu entdecken. In dieser nordischen Wildnis folgten sie den Flußläufen und hofften, irgendwann auf eine reiche Goldader zu stoßen. Sie erreichten das Quellgebiet des Yukon River in Kanada und folgten dem Fluß. In den nächsten Jahren wurden immer wieder beträchtliche Goldfunde im Tal des Yukon gemacht.

Der Ort Circle hieß früher Circle City und wurde während der Zeit des Goldrausches „Paris des Pazifiks“ genannt. Die Versorgung des Gebiets mit Lebensmitteln und Ausrüstungsgegenständen war nur im Sommer möglich, wenn Dampfboote von Saint Michael am Beringmeer den Yukon hinauffuhren. Jenseits der kanadischen Grenze gab es damals am Yukon auch noch den nicht minder berüchtigten Goldgräberort Forty Mile. Die hier lebenden amerikanischen Goldgräber zogen nach Circle City um, als es in Forty Mile ungemütlich wurde, weil dort einer jener legendären Polizisten der *Northwest Mounted Police* eigenhändig für Ordnung sorgte.

Im Sommer 1896 wurden in Kanada im Gebiet des heutigen Bonanza Creek von zwei Goldgräbern – Robert Henderson und George Washington Carmack – reiche Goldadern entdeckt. Als dies im Gebiet des Yukon bekannt wurde, wurden schlagartig alle bisherigen Fundorte verlassen, und wer nur irgendwie konnte, zog nach Bonanza Creek. Ein bis dahin glückloser Händler namens Joseph Ladue witterte seine Art von Goldgrube, kaufte dort in der Nähe das Land am Zusammenfluß des Yukon und des Klondike River und gründete die Stadt Dawson City, die sich in nur wenigen Monaten zur Boomtown entwickelte.

Es folgte ein harter Winter, den die Goldgräber unter katastrophalen Bedingungen überlebten. Als dann im Sommer 1897 in San Francisco und Seattle per Schiff die ersten dieser Männer goldbeladen ankamen, gab es kein Halten mehr. Viele Menschen, die in jenen Jahren voll Vertrauen in den amerikanischen Traum an die Westküste gezogen waren, hatten enttäuscht feststellen müssen, daß es dort genau wie im Osten des Landes keine oder nur sehr schlecht bezahlte Arbeit gab. Umso verlockender wirkten die Berichte über die ergiebigen Funde am fernen Yukon, und es war kein Wunder, daß sie jenen einzigartigen Ansturm namens „Klondike Stampede“ auslösten. Aber das Fieber packte nicht nur die Betroffenen der damaligen Wirtschaftskrise. Auch Arbeiter, Angestellte und Beamte gaben ihre Arbeitsplätze auf, kauften sich eine Schiffspassage auf vielfach alten und überfüllten Booten und machten sich auf den Weg in Richtung Yukon.

Die Schiffe fuhren die Küste entlang bis nach Dyea und Skagway. Von Dyea aus führte der Chilkoot Pass und von Skagway der White Pass über das Küstengebirge. Für den langen Weg über Saint Michael am Beringmeer hatte niemand Geld oder Zeit. Doch die beiden Pfade über die Berge wurden für Hunderte von unerfahrenen, mit schweren Ausrüstungen bepackten Menschen zur Todesfalle. Als der White Pass schließlich unpassierbar wurde, blieb nur noch der vereiste Chilkoot Pass. Zehntausende warteten und reihten sich in die Menschenschlange ein, die bei Eis und Schnee über den Pass kroch. Etwa 22 000 schafften es, aber doppelt so viele mußten aufgeben. Wer sich keine Träger leisten konnte, mußte diesen Weg mehrmals gehen, da das Gewicht der Ausrüstung nicht auf einmal getragen werden konnte. Für Pferde war der schmale, steile Pfad unbegehbar. Auf der kanadischen Seite des Passes sorgte die *Northwest Mounted Police* so gut sie konnte für Ordnung. Sie hatte Bestimmungen erlassen, die den Ansturm regulieren und auch Leben retten sollten. Ohne richtige Ausrüstung und ohne die vorgeschriebenen Nahrungsmittelvorräte durfte niemand weiterziehen.

Heute hat man die Schrecken jener Zeit vergessen, in Skagway, Whitehorse und Dawson blüht der Tourismus, und man pflegt den Mythos einer eher lustigen Goldgräberzeit. Der Highway 2, der von Skagway im südöstlichen Alaska über den White Pass nach Whitehorse und weiter nach Dawson führt, wird auch „Klondike Highway“ genannt. Man kann aber auch mit den Zügen und Bussen der White Pass & Yukon Route fahren. Ein besonderes Abenteuer ist jedoch eine mehrtägige Wanderung über den alten Chilkoot Trail, die sich seit einigen Jahren großer Beliebtheit erfreut. Alaska und Kanada verwalten gemeinsam den *Klondike Gold Rush Historic Park*, durch den der gut 50 km lange Pfad führt. Wie einst während der Zeit des Goldrausches, gibt es in Skagway noch immer die sogenannten „Outfitter“, die heute aber nur noch die Wanderer mit modernen Ausrüstungen versorgen. Abgesehen von der imposanten Landschaft durch die der Trail führt, faszinieren am Wegesrand die vielen Überreste aus der Zeit des Goldrausches, die heute alle unter Schutz stehen. Der Trail beginnt in Dyea und endet in Bennett, wo es eine Haltestelle der White Pass & Yukon Route gibt.

Das Städtchen Skagway gehört zum Großteil zum *Klondike Gold Rush National Historic Park* und wird wie ein Freilichtmuseum betrieben. Die meisten der bunten Häuser stammen noch aus der Zeit des Goldrausches, und ein Besuch in einem der Saloons gehört zum festen Bestandteil einer Tour durch Skagway. Eines der Wahrzeichen des Ortes ist die *Arctic Brotherhood Hall* mit ihrer skurillen Fassade aus Treibholzstücken, in der heute das Verkehrsamt der Stadt untergebracht ist. Am Hafen legen die Fähren der Alaska Marine Highway Reederei an, aber auch Kreuzfahrtschiffe und Ausflugsboote. Von hier aus kann man außerdem Bootsfahrten zum *Glacier Bay National Park* unternehmen oder Ausflüge zu anderen Städten Südost-Alaskas machen, zur Hauptstadt Juneau, zum einst russischen Sitka und nach Ketchikan.

Whitehorse am Alaska Highway, die Hauptstadt des kanadischen Yukon Territory, bietet dem an der „Goldrausch-Ära“ interessierten Besucher im *Yukon Transportation Museum* und im *MacBride Museum* interessante Ausstellungen und Exponate aus dieser Zeit. Außerdem kann man den restaurierten Heckraddampfer „Klondike“ besichtigen, der heute als Museum dient. Whitehorse hat sich ein ganz besonderes Verkehrsamt gebaut, dessen Architektur von außen wie ein überdimensioniertes Denkmal für die genialen Kajaks der Ureinwohner wirkt.

Dawson City, das für die kurze Dauer des Klondike Goldrausches dessen wilde Hauptstadt war, lebt noch heute von diesem Ruf, und wenn nicht die modernen Autos durch die Straßen des alten Zentrums fahren würden, könnte man meinen, alles sei noch gar nicht so lange her. Im *Dawson City Museum* findet man alles, was damals zum Leben dazugehörte. Auch in diesem Ort kann man einen Yukon-Dampfer besichtigen, und außerhalb des Städtchens ist die surreale Landschaft der Abraumhalden der Goldindustrie zu sehen, die nach der ersten Goldrauschphase mit Schwimmbaggern Gold abbaute. Die Maschinen aus dieser Zeit sind noch heute dort zu sehen – manche waren bis in die 60er Jahre in Betrieb.

TOP OF THE WORLD
GIFTS

105 oben Der South Fork River am Taylor Highway

105 unten Blick vom Top of the World Highway, der nur im Sommer geöffnet ist.

106-107 Der South Fork River am Taylor Highway

108 oben Die alte Blockhütte von Boundary kurz vor der Grenze zwischen Alaska und dem Yukon ist noch ein echtes Überbleibsel aus Goldgräberzeiten. Sie beherbergt heute einen Andenkenladen mit kleinem Coffee Shop. Einst konnten hier müde Glücksritter auf Pritschen übernachten.

108 unten Dawson (früher Dawson City) am Zusammenfluß von Yukon und Klondike River strahlt für die Besucher immer noch die Goldrausch-Atmosphäre aus, die sie einst berühmt und berüchtigt machte. Aber hinter den „falschen Fassaden" der Western-Häuser geht es heute friedlich und ausgesprochen fröhlich zu. Für das Wohl der Touristen wird in den Saloons und Restaurants bestens gesorgt.

109 oben Alte Häuser in Dawson

109 Mitte rechts Das kleine „Klondike Kate's" Restaurant und Hotel in Dawson

109 unten rechts „Jack London Centre" in Dawson mit Resten der Blockhütte, in welcher der Schriftsteller während seines Aufenthaltes hier wohnte.

110 oben *Bei der Suche nach Gold wurde jeder Stein mindestens zweimal umgedreht und das Goldwaschen hinterließ überall markante Geröllhalden wie diese bei Bear Creek in der Nähe von Dawson.*

110 unten *Alte Blockhütte bei Dawson*

111 oben *Fox Lake am Klondike Highway, der von Dawson nach Whitehorse führt.*

111 unten *Schwarzbär am Cassiar Highway, der das südwestliche British Columbia mit dem Alaska Highway im Yukon Territory verbindet.*

112-113 *Ein See am Cassiar Highway bei Iskut*

114 *Totempfähle im „'Ksan Indian Village and Museum" bei Old Hazelton, das ein einzigartiges Freilichtmuseum und Rekonstruktion einer Gitksan-Indianersiedlung ist. Besonders beeindruckend sind die traditionellen Langhäuser mit ihren Ausstellungen und Werkstätten. Die vielen Totempfähle erzählen mit einer faszinierenden Symbolsprache die Geschichte des Stammes.*

115 oben *Die Schlucht des Bulkley River bei Old Hazelton*

115 rechts *Totempfahl im „'Ksan Historic Village"*

C.STROUSS
MASON & DALY

116 *Barkerville war einst das Goldrauschzentrum von British Columbia, verkam dann zur Geisterstadt und wurde 1958 zum Historic Park erhoben. Es entstand ein sehenswertes Freilichtmuseum, dessen Personal die Mode jener Zeit trägt.*

117 oben *Historische Kutsche in Barkerville*

117 unten links *Schmied in Barkerville*

117 unten rechts *Historischer Ofen in der Moose Creek Lodge*

Jasper – Banff

Wer je durch den Westen Nordamerikas gefahren ist, um die Rocky Mountains zu entdecken, wird manche Momente nie vergessen. Die spannende Anfahrt mit den ersten Andeutungen mächtiger Berge am Horizont. Die Überraschung, wenn man dann unerwartet am Fuß der Berge angelangt ist. Das Staunen über die Ausblicke auf die ersten hohen schneebedeckten Gipfel und grünen Täler mit kristallklaren Seen. Am eindrücklichsten präsentieren sich so die kanadischen Rocky Mountains im südlichen Grenzgebiet zwischen den Provinzen Alberta und British Columbia. Der berühmte Trans Canada Highway führt direkt in diese Wunderwelt hinein und über den Icefields Parkway kann man die bekanntesten Punkte der Nationalparks Banff und Jasper erreichen.

Die Rocky Mountains bilden die große Wasserscheide, *The Great Divide*, denn in westlicher Richtung fließen die hier entstehenden Flüsse zum Pazifik, in nördlicher Richtung zum Nordpolarmeer und in östlicher Richtung zur Hudson Bay am Atlantik. Obwohl sie eine mächtige und unwegsame Barriere zwischen den weiten Ebenen auf ihrer Ostseite und dem rauhen Bergland auf ihrer Westseite sind, fand man auch in den Rocky Mountains Spuren von Ureinwohnern, die schon vor gut 10 000 Jahren als Jäger und Sammler in diese Berge kamen. Sie waren die Vorfahren der Indianerstämme, die östlich der Berge lebten, der Plains-Cree und der Blackfoot, die zu der großen Algonkin-Sprachfamilie gehörten. Aber auch die Assiniboine, die von der Sprachzugehörigkeit ursprünglich zu den Sioux zählten, lebten hier, und auf der Westseite der Berge lag das Land der Kootenai.

Ihr Lebensstil begann sich drastisch zu verändern, als ab 1800 weiße Trapper und Pelzhändler bis in die kanadischen Rocky Mountains vorstießen. Es waren Franzosen, die im Auftrag der North West Company hierher gekommen waren. Wenig später ließ David Thompson, der ebenfalls für die North West Company arbeitete, hier erste Handelsposten errichten. Einige Jahre darauf gründete ein Pelzhändler namens Jasper Hawes ebenfalls in diesem Gebiet einen Handelsposten. Sein Vorname blieb als Name des Ortes und des Nationalparks erhalten. Für die Indianer änderte sich dadurch vieles, denn sie konnten Tierfelle gegen Messer, Äxte und sogar Gewehre eintauschen. Doch zugleich begann für sie damit auch ihr Untergang.

Gut siebzig Jahre später kamen die Landvermesser und Ingenieure der Eisenbahn und suchten den günstigsten Weg über die Rocky Mountains. Dabei wetteiferten zwei Gesellschaften miteinander und so kam es, daß eine Strecke über den Kicking Horse Pass unweit des heutigen Lake Louise im *Banff National Park* geführt wurde und eine zweite über den Yellowhead Pass bei Jasper im heutigen *Jasper National Park*. Somit war nicht nur der Osten Kanadas mit dem Westen verbunden, sondern nun konnten auch bisher unzugängliche Regionen erschlossen werden.

Außerdem wurden diese landschaftlich so überwältigenden Gebiete durch die Eisenbahnstrecken von Anbeginn auch für den Tourismus entdeckt. Die Strecke, die durch Banff führt, wurde 1885 fertiggestellt. Im gleichen Jahr wurde dieses Gebiet zum ersten Nationalpark Kanadas erklärt. Es dauerte allerdings gut 25 Jahre, bis Jasper endlich Bahnanschluß bekam.

An die große Zeit der Eisenbahn erinnern in Banff das Banff Springs Hotel und in Lake Louise das Chateau Lake Louise. Für eine Teepause nach altenglischer Art sollte man sich dort immer Zeit nehmen.

Bei Banff führen Seilbahnen auf den Sulphur Mountain und den Mount Norquay. Von beiden Gipfeln hat man herrliche Ausblicke auf die umliegenden Berge – auf Mount Norquay gibt es sogar ein Restaurant mit Panoramablick. Wer sich in Banff über die Geschichte der Region informieren möchte, sollte eines der kleinen Museen besuchen. Im *Park Information Centre* gibt es gutes Informationsmaterial. Da die Region Touristen aus aller Welt anzieht, ist das touristische Angebot entsprechend groß und umfaßt alles von geführten Naturpfadwanderungen über Wildwasserfahrten bis hin zum Heli-Skiing. Ausgezeichnet sind auch die Möglichkeiten, das Gebiet per Bus kennenzulernen.

Der 230 km lange Icefields Parkway, der in Banff beginnt, führt zum berühmten Lake Louise, den man am besten in den frühen Morgenstunden besuchen sollte, denn dann sind die klassischen Uferpartieen noch nicht überlaufen. Über eine Nebenstraße erreicht man den Morraine Lake, dessen intensive Türkisfarbe ein unvergeßlicher Anblick bleibt. Der Icefields Parkway gilt als eine der schönsten Gebirgsstraßen der Welt. Er durchquert die beiden Nationalparks der Länge nach; im *Banff National Park* führt er weiter vorbei am Bow Lake und am Peyto Lake – Gletscherseen von atemberaubender Schönheit.

Der Athabasca Glacier, der zum mächtigen Columbia Icefield gehört, liegt im Grenzgebiet zwischen dem *Banff* und dem *Jasper National Park*.

Der *Jasper National Park* ist touristisch nicht so überlaufen. Auch hier empfiehlt sich zuerst einmal ein Besuch des Ortes Jasper, wo man im Informationszentrum Anregungen und Hinweise für einen Aufenthalt im Park erhält. Außerhalb von Jasper führt eine Seilbahn auf den Whistler Mountain. In einer Höhe von 2500 m bietet sich ein Rundblick auf die Gipfel des Parks. Dazu gehören im Norden mit 3954 m der höchste Berg der kanadischen Rocky Mountains, der Mount Robson, und im Süden der Mount Columbia (3747 m) dessen Gletscher das Columbia Icefield bilden. Von Jasper führt eine Straße zum spektakulär gelegenen Maligne Lake, dem größten See der beiden Parks, auf dem man eine zweistündige Schiffstour machen kann. Schon der Weg zu diesem See lohnt sich, denn die Straße führt am engen und 50 m tiefen Maligne Canyon und später am Medicine Lake vorbei.

Südlich von Jasper zweigt vom Icefields Parkway eine Straße ab, die zum Fuß des 3363 m hohen Mount Edith Cavell und dem Cavell Lake führt.

Durch Jasper verläuft parallel zur Eisenbahnstrecke der Canadian National der Yellowhead Highway, der von Edmonton kommend über Prince George bis nach Prince Rupert am Pazifik führt.

Ebenfalls lohnenswerte Routen führen vom *Banff National Park* durch den *Yoho* oder den *Kootenay National Park*. Im Yoho Park rauschen die Takakkaw Falls (höchster Wasserfall Kanadas) gut 380 m tief in das Yoho Valley. Abgesehen von den Naturschönheiten des Parks, zu denen auch der Emerald Lake gehört, lohnt sich ein Blick von einem Aussichtspunkt am Trans Canada Highway hinab auf die kurvenreiche Strecke der Canadian Pacific, die hier mit Spiraltunneln den Kicking Horse Pass bezwingt. Im Kootenay Park gibt es die bekannten *Radium Hot Springs*, die immer zu einem heißen Thermalbad einladen. Der Trans Canada Highway führt weiter durch den wilden *Glacier National Park* mit seinen über vierhundert Gletschern, gefolgt vom kleineren *Mount Revelstoke National Park*.

Banff National Park
P.O. Box 900
Banff, Alta. T0L 0C0
Canada

Jasper National Park
P.O. Box 10
Jasper, Alta. T0E 1E0
Canada

119 *Cavell Lake mit Mount Cavell, Jasper National Park. Der Park ist der größte Nationalpark der kanadischen Rocky Mountains.*

120 oben *Regenbogen im Jasper National Park*

120 unten *Cavell Lake*

121 *Angel Glacier mit Glacier Lake*

122-123 *Maligne Lake im Jasper National Park*

124 oben *Subwatka Falls im Spiel von Licht und Schatten*

124 unten *Die Wassermassen der Athabasca Falls stürzen in die Tiefe.*

125 oben und Mitte rechts *Elch im Maligne Lake*

125 rechts unten *Ein stattlicher Hirsch*

126-127 *Abendstimmung am Medicin Lake*

128 oben *Der Athabasca Glacier im Jasper National Park*

128 unten *Der Stutfield Glacier im Jasper National Park*

129 oben *Panoramablick über den Maligne Lake*

129 rechts *Landschaft am Athabasca River*

130 oben *Der berühmte Lake Louise im Banff National Park. Der Park ist der älteste kanadische Nationalpark.*

130 unten *Peyto Lake im Banff National Park*

131 oben *Das „Banff Springs Hotel" soll an Burgen in Schottland erinnern, denn der damalige Präsident der Canadian-Pacific-Gesellschaft, die hier die erste Transkontinentalstrecke baute, stammte aus dem County Banff in Schottland.*

131 unten *Der Icefields Parkway schlängelt sich durch die Berge.*

132-133 *Das türkisfarbene Wasser des Morraine Lake verzaubert die Landschaft.*

134 oben *Ein See am Icefields Parkway*

134 unten *Die Berge im Hintergrund spiegeln sich im klaren Wasser des Herbert Lake.*

135 oben *An einem See im Banff National Park*

135 rechts *Birkenwald bei Banff am Bow Valley Parkway*

136-137 *Herbstliche Stimmung am Bow Lake*

138 oben *Emerald Lake im Yoho National Park in British Columbia*

138 unten *Am der Natural Bridge im Yoho National Park*

139 oben *Kleines Farmhaus am Highway 97a South beim Mara Lake im Seengebiet von Sicamous in British Columbia*

139 links *Die berühmten Äpfel des Okanagan Valley bei Oliver nahe der Grenze zu den USA*

139 rechts *In der Grenzstadt Osoyoos in British Columbia*

Victoria – Vancouver

Vancouver Island ist die größte Insel der Westküste Nordamerikas und wird vom kanadischen Festland durch den Queen Charlotte Sound und die Strait of Georgia getrennt. Zwischen der nordwestlichsten Spitze der USA und Vancouver Island liegt die Juan de Fuca Strait. Diese Namen lassen schon darauf schließen, daß die ersten Entdecker dieser Region Engländer und Spanier waren. Sie erkundeten das Gebiet erstmals während des 16. und 17. Jahrhunderts. James Cook brachte von dieser Insel kostbare Seeotterfelle mit, die das Interesse an der Region weckten.

Zuerst waren die Spanier von Kalifornien aus hier aktiv. Doch dem berühmten Entdecker George Vancouver gelang es, das Gebiet für England zu vereinnahmen. Er war es auch, der die Insel vollständig vermessen ließ. Im Jahr 1843 wurde an der südöstlichen Spitze der Insel Fort Victoria als Handelsposten der Hudson's Bay Company gegründet. Einige Jahre später wurde die Insel Kronkolonie. 1866 vereinte man die Insel mit British Columbia und nahm sie 1871 als Provinz in das neugegründete *Dominion of Canada* auf. Im Jahr 1868 war Victoria bereits Hauptstadt von British Columbia geworden.

Die Rolle der Inselstadt als Hauptstadt begann schon 1856 als man gegenüber auf dem Festland am Fraser River Gold entdeckte. Da viele der Goldgräber aus den Vereinigten Staaten kamen und man es mit dem Gesetz nicht sehr genau nahm, beschloß der britische Gouverneur von Vancouver Island aus für Ordnung zu sorgen. Daraufhin wurde auf dem Festland die Kronkolonie British Columbia gegründet. Victoria ist bis heute sehr britisch geblieben und hat sich erfolgreicher als die große Metropole Vancouver gegen amerikanische Einflüsse verwahrt. Man unterstreicht dies mit roten englischen Doppeldeckerbussen, einem Parlamentsgebäude im Stil der Alten Welt und dem mächtigen Empress Hotel, das in der gleichen Architektur gebaut ist, wie all die anderen der großen Eisenbahnhotels in Kanada. Doch auch die Einwohner selbst hegen und pflegen dieses Bild, denn viele Kanadier kommen hierher, um sich nach einem anstrengenden Arbeitsleben das milde Klima dieser vom Golfstrom begünstigten Küste zu gönnen.

In der Altstadt von Victoria scheint noch der disziplinierte Geschäftsgeist der Hudson's Bay Company den Ton anzugeben – man legt Wert auf propere kleine Läden und Restaurants mit zuvorkommendem Personal. Viele der Häuser und Geschäftslokale sind renoviert worden. Man hat Fassaden erhalten, die noch aus der Zeit der Jahrhundertwende stammen. Ein Bummel durch diese Straßen mit Galerien und Antiquitätenläden läßt den Gedanken aufkommen, man sei gar nicht in Nordamerika. Doch dann am modern gestalteten Inner Harbor kann man sich mit dem Rücken zum Parlament und dem Empress Hotel auf eine Bank setzen und dem doch eher nordamerikanischen Betrieb im Yachthafen zuschauen oder den großen Schiffen und Fähren, die regelmäßig zwischen Victoria und dem gegenüberliegenden Port Angeles und Seattle am Puget Sound verkehren.

Das englische Flair wird in Victoria vor allem auch in den Parkanlagen gepflegt. Besonders stolz ist man auf die *Butchart Gardens* im Nordwesten der Stadt am Saanich Inlet. Hier wurde in einem ehemaligen Kalksteinbruch ein Blumenpark angelegt, der mit zahlreichen Gärten mit Pflanzen aus aller Welt aufwarten kann. Besonders beliebt sind die Open-Air-Konzerte, die hier im Sommer veranstaltet werden.

Im schönen südöstlich vom Stadtzentrum gelegenen Beacon Hill Park steht der sogenannte „Mile 0"-Meilenstein des Trans Canada Highway am Ufer der Juan de Fuca Strait und markiert den Anfang dieser über 7000 km langen Straße, die bis nach St. John's in Neufundland führt.

Im Verkehrsamt der Stadt am Inner Harbour sollte man sich Informationsmaterial über die Sehenswürdigkeiten der Stadt besorgen, denn etliche Museen und Parks lohnen einen Besuch. Zudem gibt es viele kulturelle und sportliche Veranstaltungen, die den Besucher an der besonderen Lebensart dieser Stadt und der Insel teilhaben lassen.

Eine Erkundung von Vancouver Island lohnt sich, denn nirgendwo sonst in Kanada ist die Landschaft – nordischer Regenwald an wildzerklüfteter Pazifikküste mit unmittelbar dahinter liegenden Bergen, die bis zu 2200 m hoch sind – durch angelegte Wanderwege so zugänglich wie hier. Der berühmteste Trail ist der West Coast Trail, der durch einen Teil des *Pacific Rim National Park* führt.

Von Vancouver Island gibt es verschiedene Fährverbindungen zum kanadischen Festland. Vom nördlichsten Ort namens Port Hardy besteht eine Verbindung hinauf nach Prince Rupert. Von Swartz Bay im Norden von Victoria verkehrt die Fähre nach Tsawwassen, einem Vorort von Vancouver, der drittgrößten Stadt Kanadas.

Als Captain George Vancouver 1792 in das Burrard Inlet segelte, konnte er sich offenbar noch nicht vorstellen, daß diese Bucht einmal ein idealer Hafen für eine spektakulär gelegene Stadt sein könnte. Er sah nur wie überall sonst auch an dieser Küste die riesigen Douglas-Fichten des nordischen Urwalds. So waren es vor allem Holzfäller, die sich im Lauf der Jahre in diesem waldreichen Gebiet niederließen, und durch sie entstanden erste kleine Siedlungen. Simon Fraser, der für die North West Company arbeitete, war der erste, der von Osten kommend den später nach ihm benannten Fluß benutzte, um einen Weg durch die Wildnis Kanadas zum heutigen Vancouver an der Pazifikküste zu öffnen. Als man 1856 an diesem Fluß unweit der Mündung Gold fand, entstanden weitere kleine Siedlungen. Ein unternehmungslustiger Zeitgenosse namens John Deighton soll am Burrard Inlet einfach einen Saloon eröffnet haben, und diese „Tränke" in der Wildnis soll die Leute der Umgebung derart magisch angezogen haben, daß hier schon bald ein kleiner Ort entstand. Deighton soll wegen seiner Geschwätzigkeit den Spitznamen „Gassy Jack" bekommen haben, und fortan hieß der Ort Gastown. So heißt heute noch die Altstadt von Vancouver.

Vancouver entwickelte sich zum Tor nach Asien, und als im Jahr 1914 der Panamakanal eröffnet wurde, wuchs die Bedeutung des Hafens noch weiter. Vom Ende des Ersten Weltkriegs bis 1933 gab es auch noch einen etwas dubiosen Aufschwung durch die Prohibition in den USA, wodurch Vancouver durch Alkoholschmuggel prosperierte. Zu den soliden expandierenden Industrien, die sich in Vancouver ansiedelten, gehören die Holz- und Papierindustrie, fischverarbeitende Betriebe, der Schiffsbau und die Metallverarbeitung. Außerdem ist die Stadt ein wichtiger Eisenbahnknotenpunkt mit Verbindung zu den USA.

Schon 1886 entschied man, daß die bewaldete Halbinsel zwischen Burrard Inlet und English Bay zum Stadtpark gemacht werden sollte – es entstand der Stanley Park.

Das Zentrum der Altstadt von Vancouver – Gastown und das alte Chinatown – zählt zu den besonderen Attraktionen der Stadt. Es ist ein Vergnügen durch die Straßen mit den vielen kleinen Läden, Galerien, Restaurants und Kneipen zu schlendern. Im *Fisherman's Market* kommen Feinschmecker auf ihre Kosten, denn hier wird alles angeboten, was Kanadas Fischer und Bauern in British Columbia anzubieten haben. Die Robson Street ist vor allem für deutschsprachige Besucher interessant, denn hier war einst das deutsche Viertel.

141 *Totempfahl am Inner Harbour von Victoria auf Vancouver Island*

142 oben *Blick auf den Inner Harbour; im Hintergrund das Parlamentsgebäude*

142 unten *Victoria ist die Hauptstadt der Provinz British Columbia. Entsprechend eindrucksvoll präsentiert sich das Parlamentsgebäude am Innenhafen.*

143 oben *In Victoria findet man das älteste Chinatown von British Columbia. Es gibt hier einige historische Gebäude in chinesischem Baustil.*

143 rechts *Die Promenade des Inner Harbour von Victoria*

144-145 *Blick auf den Inner Harbour mit dem berühmten Empress Hotel, das zusammen mit dem Parlamentsgebäude die britische Atmosphäre der Stadt unterstreicht. Zu den unumstößlichen Traditionen des Empress Hotels gehört der britische Nachmittagstee.*

EMPRESS

146 *Die „Butchart Gardens" in Victoria sind weltberühmt. Die mit jeder Jahreszeit wechselnde Flora mit ihrer überraschenden und exotischen Fülle zeugt vom milden Klima, das Victoria und Umgebung zum bevorzugten Altersruhesitz vieler Kanadier gemacht hat.*

147 oben *Sonnenuntergang bei Ucluelet am Barkley Sound im Pacific Rim National Park. Dieser Park bewahrt eines der letzten intakten Gebiete nördlichen Urwalds. Der Trail, der durch den Pacific Rim National Park führt, ist ein Geheimtip unter Kennern. Seine anspruchsvollsten Abschnitte sind nur absolut bergfesten und schwindelfreien Wanderern zu empfehlen.*

147 rechts *Leuchtturm bei Ucluelet*

148 oben *Im Hafen von Ucluelet*

148 unten *Das Schild „Whales" an diesem Haus in Ucluelet weist darauf hin, daß man hier Bootsfahrten zu den Walen vor der Küste buchen kann.*

149 oben *Am Long Beach bei Tofino im Pacific Rim National Park*

149 unten *Sproat Lake am Highway 4 East nahe Port Alberni auf Vancouver Island*

WHALES

DOMINION BANK
CHEVROLET

VER ART GALLERY

R LEASE
DON MUSSENDEN
TOM BAKKER
684-7117
TOWN GROU
50,000 SQ

150 und 151 *In der Downtown von Vancouver, der größten Stadt von British Columbia und der drittgrößten von ganz Kanada, stehen alte und neue Hochhäuser einträchtig beeinander – ein Zeichen für die Prosperität dieser Metropole.*

152 *Gastown, das Altstadtviertel von Vancouver, bietet sich mit seinen Läden, Galerien, Restaurants und Kneipen für einen abwechslungsreichen Stadtbummeln an.*

153 oben *Chinatown in Vancouver ist nach San Franciscos Chinatown das zweitgrößte Viertel dieser Art in Nordamerika. Es ist mehr Geschäftsviertel als Wohngebiet, und die unzähligen Läden und Restaurants vermitteln dem Besucher den Eindruck, er befinde sich in Asien und nicht im Nordwesten Amerikas.*

153 rechts *Straßenmusikanten in Vancouver*

154 oben *Die Skyline von Vancouver*

154 unten *Der Canada Place Pavilion und das Harbour Centre am Hafen von Vancouver sind zugleich Kongreßzentrum und Veranstaltungsort für große Sportereignisse.*

155 oben *Bei Nacht verwandelt sich die Skyline von Vancouver in ein buntes Lichtermeer.*

155 rechts *Am Lonsdale Quay Market in Vancouver*

156 oben und Mitte links *Mit Recht ist man in Vancouver stolz auf den über 400 Hektar großen Stanley Park, um den der Stanley Park Drive führt, der immer wieder neue Panoramen der Stadt eröffnet. Die Einwohner von Vancouver machen von diesem idealen Erholungsgebiet mit Zoo und berühmtem Aquarium, Sportanlagen und Restaurants eifrig Gebrauch. Zu den Schönheiten des Parks gehören auch die Seerosen auf dem Beaver Lake.*

156 unten links *Kanadische Wildgänse im Stanley Park*

157 *Ein Wahrzeichen Vancouvers sind die prachtvollen Totempfähle im Stanley Park, die von den Mythen und der Geschichte der Indianer dieser Küste berichten.*

158-159 *Den Eindruck der Lichter der Skyline von Vancouver bei Sonnenuntergang wird jeder Besucher wehmütig mit in seine Heimat nehmen und sich immer daran erinnern, daß diese einzigartige Metropole von einer noch hoffnungsvollen Symbiose zwischen Natur und Technik kündet.*

PLANTED AREA
Please

HARBOUR CENTRE

HYATT

Staatsgebiet: Alaska ist der größte und nördlichste Bundesstaat der USA und wird an drei Seiten von Meer umgeben. Der 141. Längengrad grenzt Alaska gegen Kanda ab.

Fläche: 1,53 Millionen km^2

Bevölkerung: ca. 527 000 Einwohner (18 % Eskimo und Indianer)

Hauptstadt: Juneau